Heinz-Peter Endress
Nouvelles françaises du XIXe siècle

Romanistik, Band 25

Heinz-Peter Endress

Nouvelles françaises du XIXe siècle

Frank & Timme

Verlag für wissenschaftliche Literatur

Umschlagabbildung: Giverny, jardin d'eau © aterrom – Fotolia.com

ISBN 978-3-7329-0404-4
ISBN (E-Book) 978-3-7329-9606-3
ISSN 1860-1995

© Frank & Timme GmbH Verlag für wissenschaftliche Literatur
Berlin 2017. Alle Rechte vorbehalten.

Herstellung durch Frank & Timme GmbH,
Wittelsbacherstraße 27a, 10707 Berlin.
Printed in Germany.
Gedruckt auf säurefreiem, alterungsbeständigem Papier.

www.frank-timme.de

PROPOS PRÉLIMINAIRES

La littérature française du XIXᵉ siècle est particulièrement riche. A côté du roman, du théâtre et de la poésie elle se distingue aussi par *la nouvelle*. Le XIXᵉ siècle était l'âge de son essor.

Le phénoménal développement de la presse au XIXᵉ siècle contribua sûrement à son succès.

La nouvelle se présente sous des formes diverses et variées, comme nouvelle réaliste ou fantastique, psychologique ou de critique sociale, nouvelle qui concerne des problèmes de la vie ou le destin. Et elle aborde toutes sortes de thèmes.

Le mot « nouvelle » est dérivé du latin « novus » et signifie donc nouveauté, événement nouveau. Goethe disait : « Qu'est-ce d'autre une nouvelle qu'un événement inouï qui a eu lieu. »[1]

La nouvelle est un genre narratif qui consiste en un récit relativement bref. En parlant d'Edgar Poe, Baudelaire disait : « Elle a sur le roman à vastes proportions cet immense avantage que sa brièveté ajoute à l'intensité de l'effet. »[2] Elle se limite à un noyau thématique, à un ou deux points culminants et comporte généralement peu de personnages.

La concentration est son trait principal. Souvent il s'agit d'un moment de crise présenté avec une tension dramatique. Par son exposition brève, concentrée et dramatique la nouvelle est apparentée à une pièce de théâtre. Par la caractérisation des personnages et le traitement de

....

1 Goethe à Eckermann, le 25/171827.
2 Charles Baudelaire, « Notes nouvelles sur Edgar Poe », dans : *L'Œuvre de Baudelaire*, Paris, Le Club français du livre, 1955, p. 1369.

l'action elle est proche du roman. Mais sans actions secondaires ni de larges tableaux. Elle s'attache plutôt à des cas individuels. Finalement la nouvelle ne se distingue guère du conte au XIXᵉ siècle – un peu cependant quand même par l'oralité, par une construction plus simple et par une note populaire chez ce dernier.

Tous les grands écrivains français du XIXᵉ siècle pratiquèrent, en plus de leur œuvre principale, le genre de la nouvelle. Dans les pages qui suivent il sera question de nouvelles de Madame de Staël, Chateaubriand, Balzac, Hugo, Stendhal, Mérimée, Flaubert, Maupassant, Barbey d'Aurevilly, Gautier, Zola, Huysmans et Anatole France. (Cf. la Table de Matières).

Je ferai précéder UNE BRÈVE ESQUISSE DE LA VIE ET DE L'ŒUVRE DES DIFFÉRENTS AUTEURS avant de présenter UN EXTRAIT de chaque nouvelle et ensuite un RÉSUMÉ (qui contient bien sûr en même temps déjà des éléments d'interprétation) et puis un COMMENTAIRE analytique et critique,

Plusieurs choses seront à prendre en considération : la dimension historique, le caractère des personnages et leur constellation, les thèmes et motifs, la structuration temporelle et spatiale, le rôle du narrateur fictif et la présentation artistique de la langue et du style.

TABLE DES MATIÈRES

MADAME DE STAËL (1768–1817)

Madame de Staël est née en 1768 à Paris, fille du riche banquier Necker, qui sera plus tard ministre de Louis XVI. En 1786 elle épouse l'ambassadeur suédois Baron de Staël-Holstein. Trois enfants vont naître de ce mariage de courte durée. Elle écrit plusieurs romans ; en 1802 *Delphine* et en 1807 *Corinne*.

Madame de Staël est une disciple enthousiaste de Rousseau. Elle hait Napoléon qui l'expulse et qui fait détruire ses livres. Elle réside souvent dans la propriété de son père à Coppet en Suisse. Là elle y est entourée d'une véritable cour.

En 1803 Mme de Staël se rend en Allemagne, d'abord à Weimar, où elle rencontre Goethe, Schiller et Wieland, et ensuite à Berlin où elle fait la connaissance de Fichte et des Frères Schlegel. Le fruit de ces rencontres et de ses lectures sera le très important livre *De l'Allemagne* de 1810.

Mme de Staël est une femme géniale qui rapprocha l'esprit allemand du rationalisme français et qui participa à la fondation du romantisme.

Elle est morte en 1817.

Mirza ou Lettre d'un voyageur[3]

Extrait

Permettez que je vous rende compte, Madame, d'une anecdote de mon voyage, qui peut-être aura le droit de vous intéresser. J'appris à Gorée,[4] il y a un mois, que M. de gouverneur avait déterminé une famille nègre à venir demeurer à quelques lieues de là, pour y établir une habitation pareille à celle de Saint-Domingue, se flattant sans doute, qu'un tel exemple exciterait les Africains à la culture du sucre ; [...].

Un seul Africain délivré de l'esclavage par la générosité du gouverneur, s'était prêté à ses projets ; prince dans son pays, quelques nègres d'un état subalterne l'avait suivi, et cultivaient son habitation sous ses ordres. [...].

Quand j'approchai, les nègres jouissaient de leur moment de délassement ; ils s'amusaient à tirer de l'arc, regrettant peut-être le temps où ce plaisir était leur seule occupation. Ourika, femme de Ximéo (c'est le nom du nègre chef de l'habitation) était assise à quelque distance des jeux, et regardait avec distraction sa fille âgée de deux ans, qui s'amusait à ses pieds [...]. Elle vint à moi avec précipitation ; sa beauté m'enchanta : elle possédait le vrai charme de son sexe, tout ce qui peint la faiblesse et la grâce. – «Où donc est Ximéo ? lui dit mon guide. – Il n'est pas revenu, répondit-elle, il fait sa promenade du soir ; quand le soleil ne sera plus sur l'horizon, quand le crépuscule même ne rappellera plus la clarté, il reviendra, et il ne fera plus nuit pour moi » [...].

....

3 Cette nouvelle de Mme de Staël est de la fin du XVIIIᵉ siècle, mais elle annonce le XIXᵉ sous différents aspects.

4 Cette île est située au large de la côte sénégalaise. Elle a servi de lieu d'embarquement des esclaves pour l'Amérique et les Antilles.

RÉSUMÉ

Il s'agit d'une nouvelle de la jeunesse de Madame de Staël. L'histoire se passe en Afrique, au Sénégal, à la fin du XVIIIe siècle. Un voyageur raconte à une dame une anecdote de son voyage.

Il raconte qu'un gouverneur, un administrateur éclairé, a choisi une famille de noirs pour qu'ils montent une plantation et se consacrent à une culture et au commerce du sucre. De cette façon les Européens les laisseraient dans leur patrie et leur épargneraient « le joug affreux » de l'esclavage.

Un guide a conduit le voyageur à la plantation. Ourika, la femme de Ximéo, le chef, est très belle, a du charme et de la grâce. Ourika explique au voyageur que Ximéo est en train de faire sa promenade du soir, « quand le crépuscule même ne rappellera plus la clarté, il reviendra, et il ne fera plus nuit pour moi » (23) – une façon discrète (et poétique) de dire qu'elle l'aime. Les traces de pleurs sur son visage et la mélancolie qu'exprime le visage de Ximéo s'expliqueront seulement plus tard dans le texte.

Ximéo est de sang royal. Il a une figure ravissante aux traits réguliers et a une taille parfaite. Son esprit et sa facilité à parler français étonnent le voyageur. Ximéo lui explique son comportement bizarre : « Vous savez : on conserve encore quelques rayons lorsqu'on a longtemps vécu près d'un ange » (24) – ce qui est encore une allusion à ce qui suivra peu après…

Tout s'éclaircit en effet dans le long récit de Ximéo qui suit et qui remplit le texte jusqu'à la dernière page. Il évoque son enfance où on l'exerçait déjà dans le maniement des armes et où on lui a destiné comme femme Ourika.

Un jour, en chassant dans les montagnes, il entend une belle voix de femme qui chante l'amour de la liberté et l'horreur de l'esclavage. Il est étonné de voir apparaître Mirza, une jeune femme aux yeux enchanteurs et à la taille noble. Elle déclare avoir elle-même composé les paroles de sa chanson et avoir reçu des connaissances et la philosophie de la part d'un vieil Européen qui avait pris soin de sa jeunesse. Enivré de son noble enthousiasme, de sa grâce, de son esprit et de ses regards, Ximéo est vivement impressionné, se met à l'aimer et le lui dit. Après une certaine hésitation exprimée par des expressions très fines (« tu ne tromperais en moi que mon estime pour Ximéo, tu ne te vengerais que de mon amour » p. 30), *elle cède et s'abandonne.*

Elle est heureuse et l'aime passionnément. Pendant deux mois elle est tout amour et bonheur.

Ximéo : « Je croyais être vrai […], j'avais trompé, j'avais persuadé ; elle me crut » (30). « Je jouissais, mais je me calmais. » Il tremble en songeant à quel excès Mirza sait aimer. Honteux de lui-même, il décide de s'éloigner et part à la guerre. Quand il revient, il lui parle d'*amitié,* ce qui provoque une forte douleur en elle : « Ton amitié barbare ! est-ce à mon âme qu'un tel sentiment doit être offert ? Va, donne-moi la mort. » (32). Il est déchiré, le remords et le sentiment du malheur de Mirza le dominent – et il regrette ce qu'il a perdu.

La guerre se déclare et il faut qu'il combatte contre le pays de Mirza. Il est dangereusement blessé. En guérissant il apprend que Mirza se plaçait tous les jours sur le seuil de sa porte. Peu de temps après, il est fait prisonnier et amené vers les Européens pour être vendu comme esclave.

Cette fois encore Mirza se présente. Dans un long discours elle plaide fière et digne pour la liberté de Ximéo et pour être esclave à sa place. Les Blancs acceptent l'échange, mais alors le gouverneur intervient et les libère tous les deux. Ximéo court vers Mirza, mais elle dit qu'il est trop tard, que son malheur est trop gravé en avant en elle. « Et en prononçant ces paroles, la flèche mortelle atteignait son sein. » Depuis, Ximéo vit le long supplice de sa douleur. Il respecte en son cœur le souvenir de Mirza qu'il aime et qu'il regrette et dont il a causé la mort. – Depuis deux ans le voyageur est la seule personne à qui Ximéo a confié ce qui lui est arrivé. Il raconte la vie de Ximéo et le triste destin de Mirza.

COMMENTAIRE

Cette nouvelle (de 1786) représente l'héritage du XVIIIe siècle (il est question de philosophie et raison) et contient en même temps déjà des éléments fondamentaux du futur romantisme : l'enthousiasme, la passion, l'exaltation, la mélancolie, le mal-être et l'aspiration à la liberté.

Deux récits imbriqués l'un dans l'autre informent sur l'histoire, le récit du voyageur à une dame sans nom et l'autre, central et long, de Ximéo qui raconte ses expériences au voyageur. Les destinataires réels sont bien sûr les lecteurs français.

Au début une série d'éléments difficilement compréhensibles frappent à la première lecture (les pleurs d'Ourika, l'abattement de Ximéo et sa référence à un ange). C'est plutôt un procédé original de certains romans du XXe siècle.

Deux grands thèmes traversent le texte de la nouvelle : l'abolition de l'esclavage et la passion de l'amour. Dès la première page il est question d'un gouverneur philanthrope qui veut empêcher la traite des noirs, et aussitôt est mentionné Gorée, une île au large de la côte du Sénégal qui servait au XVIIIe siècle de lieu d'embarquement des esclaves pour l'Amérique. Puis vient le chant de Mirza, central dans l'histoire, qui traite le même sujet.

Sur le plan des rapports entre les personnages il s'agit essentiellement d'une histoire d'amour malheureux. D'une part il y a Ourika qui se distingue par la beauté, le charme, la grâce et la gentillesse. Elle a été destinée à Ximéo par sa famille dès sa jeunesse et est malheureuse parce qu'il la trompe et la néglige.

Et il y a bien sûr le rapport tragique entre Ximéo et Mirza, entre l'amant traître qu'est Ximéo qui admire, puis aime Mirza, qui jouit d'elle pendant deux mois, mais qui dit « s'être calmé » ensuite. Il sent les devoirs envers sa famille et la société et s'éloigne. Mirza est l'héroïne romantique avant la date. C'est une femme idéale, elle est pure, noble et passionnée ; elle se caractérise par l'excès, excès d'aimer et excès de la douleur[5]. Déçue, elle se tue par amour. Une vraie tragédie.

Ximéo reste avec ses remords, ses regrets et son désespoir. Il a causé le malheur d'Ourika, la perte d'une vie (Mirza) et son propre chagrin qui persistera.[6],[7]

---

5   Elle dit elle-même : « les âmes passionnées ne connaissent que les extrêmes » (38).

6   On pourrait mentionner encore un certain nombre de dialogues vivants, des tournures lyriques à certains endroits et à d'autres endroits de la couleur locale – terme qui annonce le romantisme – p. ex. quand les ouvriers tirent de l'arc (22) ou quand on sert au voyageur un repas de tous les fruits du pays (23).

7   Biancamaria Fontana, *Germaine de Staël : a political portrait*, Oxford, Princeton University Press, 2016; Michel Winock, *Madame de Staël*, Paris, Fayard, 2010.

   © Frank & Timme   Verlag für wissenschaftliche Literatur

François René de CHATEAUBRIAND (1768–1848)

On l'a appelé le premier romantique de France. Il est à la fois écrivain, soldat, grand voyageur et homme d'État. Descendant d'une famille noble il est né au château de Combourg près de St. Malo. Dans sa jeunesse l'exaltation, la tristesse sans cause et des rêveries solitaires caractérisent sa vie, et la grandeur de la nature, la beauté du paysage breton et la force de la mer l'impressionnent.

Pour pouvoir composer une épopée sur les Natchez, des Indiens de Louisiana, il s'embarque pour l'Amérique du Nord en 1791 et y vit pendant cinq mois parmi les Indiens.

A l'arrestation de Louis XVI il retourne en France. Il rejoint l'armée des émigrés, est blessé à Thionville et se réfugie à Londres. En 1800 il retourne à Paris et publie *Atala* qui constitue le début de sa gloire. En 1802 suit *Le Génie du Christianisme*, œuvre dans laquelle il exalte les valeurs esthétiques de l'Église catholique.

C'est la période où commence sa carrière politique. Il se prononce pour Napoléon qui le nomme secrétaire d'ambassade à Rome. Et après la chute de Napoléon il est proche des Bourbons et occupe de nombreux de postes importants. Il entreprend des voyages en Orient, en Palestine, en Grèce et en Espagne. En 1826 il publie encore une œuvre capitale : *Les Aventures du dernier des Abencérages*.

François René de CHATEAUBRIAND (1768–1848)

René, ou les effets des passions[8]

Extrait

En arrivant chez les Natchez, René avait été obligé de prendre une épouse, pour se conformer aux mœurs des Indiens, mais il ne vivait point avec elle. Un penchant mélancolique l'entraînait au fond des bois : il y passait seul des journées entières, et semblait sauvage parmi les sauvages. Hors Chactas, son père adoptif, et le père Souël, missionnaire au fort Rosalie, il avait renoncé au commerce des hommes. Ces deux vieillards avait pris beaucoup d'empire sur son cœur : le premier, par une indulgence aimable ; l'autre, au contraire, par une extrême sévérité. [...] Chactas et le missionnaire désiraient vivement connaître par quel malheur un Européen bien né avait été conduit à s'ensevelir dans les déserts de la Louisiane. René avait toujours donné pour motif (...) que son histoire se bornait à celles de ses pensées et de ses sentiments. [...].

Quelques années s'écoulèrent sans que les deux vieillards lui pussent arracher son secret. Une lettre qu'il reçut d'Europe (...) redoubla tellement sa tristesse, qu'il fuyait jusqu'à ses vieux amis. Ils n'en furent que plus ardents à le presser de leur ouvrir son cœur. Il prit donc un jour avec eux pour leur raconter, non les aventures de sa vie, mais les sentiments secrets de son âme.

Le 21 de ce mois que les sauvages appellent la lune des fleurs, *René se rendit à la cabane de Chactas. Il donna le bras au Sachem, l'aveugle, et le conduisit sous un sassafras, au bord du Meschacebé (Missisipi). [...]. Vers l'orient, au fond de la perspective, le soleil commençait à paraître entre les sommets brisés des Appalaches, [...] à l'occident, le Meschacebé roulait ses ondes dans un silence magnifique (...) avec une inconcevable grandeur.*

....

8   Chateaubriand, *Œuvres romanesques et voyages*, t. 1, éd. Maurice Regard, Paris, Gallimard, 1969 (Bibliothèque de la Pléiade, 209), pp. 117–146.

© Frank & Timme   Verlag für wissenschaftliche Literatur

RÉSUMÉ

Cette nouvelle est une véritable introduction, très poétique, à la mélancolie, au désenchantement et au vague des passions. Elle prépare le mal du siècle des écrivains romantiques.

René, le protagoniste, séjourne depuis un certain temps dans la Louisiane dans une tribu d'Indiens, les Natchez. Deux vieillards, Chactas et le père Souël, sont devenus ses amis. Ils lui demandent avec insistance de leur raconter les événements de sa vie, ce qu'il fait après beaucoup d'hésitation.

En commençant son récit, il dit avoir honte : contrairement à la paix de ses deux interlocuteurs et au calme de la nature autour de lui, il rougirait du trouble et de l'agitation de son âme. Quant à sa jeunesse, il souligne que sa mère est morte en le mettant au monde et qu'il avait un caractère inégal : tantôt il était bruyant et joyeux, tantôt silencieux et triste. Il était maladroit devant son père, mais à l'aise auprès de sa sœur Amélie avec qui il s'entendait très bien. Dans la forêt il percevait le son des cloches des églises qui évoquaient en lui « l'innocence des mœurs champêtres, le calme de la solitude, le charme de la religion et la délectable mélancolie des souvenirs » de sa première enfance (120). Mais à cette période de sa vie, avec la mort de son père s'est présenté à lui la problématique de la mort et de l'immortalité de l'âme et cela l'impressionna beaucoup. Comme leur frère aîné héritait de la propriété familiale, René et Amélie se sont retirés chez des parents.

Amélie lui parlait souvent du bonheur de la vie religieuse. René y pensait, mais il ne pouvait pas s'y résoudre. Il se résolut à voyager. Il visita d'abord l'ancienne Rome et la Grèce, ensuite des pays modernes, mais il finit par être lassé : « qu'avais-je appris jusqu'alors avec tant de fatigue ? Rien de certain parmi les anciens, rien de beau parmi les modernes. » (124).

Chactas, le vieux sage, le prend alors dans ses bras et lui dit de modérer ce caractère qui lui a fait tant de mal et de leur faire connaître sa propre patrie. René réplique que jamais un changement plus étonnant ne s'est opéré chez un peuple. Et condamnant la Révolution, il affirme que « de la hauteur du génie, du respect pour la religion, de la gravité des mœurs, tout était subitement descendu à la souplesse de l'esprit, à l'impiété, à la corruption. » ! (126).

Il allait rejoindre sa sœur, mais elle l'a détourné de ce projet, ce qui le décevait et le rendait bien triste. Se trouvant seul, il s'est décidé à se retirer dans un faubourg pour y vivre totalement ignoré. Souvent assis dans une église, il passait des heures en méditation. Ou il marchait la nuit à travers un labyrinthe de rues solitaires, en regardant les lumières dans les maisons et en songeant que sous tant de toits il n'avait pas un ami.

Mais cette vie, qui l'avait d'abord enchanté, finit par lui devenir insupportable. Il se demandait ce qu'il désirait au juste. »Je ne le savais pas, mais je crus tout à coup que les bois me seraient délicieux » (128). Il partit s'ensevelir dans une chaumière. Et la solitude absolue, le spectacle de la nature le remplit d'une surabondance de vie…

« On m'accuse d'avoir des goûts inconstants, constate-t-il, de ne pouvoir jouir longtemps de la même chimère, […] » (128). A quoi il ajoutait des phrases importantes, bien romantiques : «je cherche seulement un bien inconnu dont l'instinct me poursuit. Est-ce ma faute si je trouve partout des bornes, si ce qui est fini n'a pour moi aucune valeur ? » (128).

Suit une page, très poétique, sur ses sensations et pensées pendant ses promenades (Rousseau n'est pas loin) : sur l'automne, les chants mélancoliques, ses rêveries, ses aspirations vers les espaces d'une autre vie, etc. Mais se sentant seul, peu à peu une langueur secrète et un profond sentiment d'ennui se sont emparés de lui. Il finit par vouloir quitter la vie. Il écrit à Amélie qui lit entre les lignes de sa lettre comment il se porte et vient le surprendre. Elle exige son serment de ne jamais attenter à ses jours.

Pendant un mois ils ont goûté le bonheur d'être ensemble. Alors René s'est aperçu qu'elle perdait le repos et la santé. Elle maigrissait et tout l'alarmait. Elle disait ne savoir ce qu'elle avait. Un jour, pendant une absence d'Amélie, René trouve une lettre adressée à lui dans laquelle elle l'informe qu'elle part pour le couvent. C'est comme si la foudre lui était tombée dessus ! Quel secret lui cachait-elle ? Sans le lui dire, elle l'informait qu'elle allait prononcer ses vœux. Il se fait conduire au couvent. On lui dit qu'elle ne recevrait personne, qu'il serait bienvenu s'il voulait assister au jour de sa profession. Passons sur tous les détails de cette cérémonie. Tout à coup René entend un murmure venant de dessous le voile d'Amélie : »Dieu de miséricorde, [...] comble de tes biens un frère qui n'a point partagé ma criminelle passion ! » (139). Au comble du malheur, il se rend compte enfin de l'affreuse vérité : il s'agit d'une passion incestueuse ! Il se laisse tomber – et on l'emporte sans connaissance. A partir de ce moment son chagrin occupait tout son temps, tant son cœur était rempli d'ennui et de misère. Alors il a subitement pris la résolution de quitter l'Europe et de partir en Amérique. Avant le départ de la flotte, il erre souvent autour du monastère se livrant à des réflexions amères.

En achevant son histoire, il montre à ses deux amis une lettre de la supérieure du couvent, lettre qui contient le récit de la mort d'Amélie. Elle a été victime de son zèle en soignant ses compagnes atteintes d'une maladie contagieuse.

Là se termine le récit de René. Chactas presse René dans ses bras en pleurant. Le père Souël, au contraire, prononce des paroles sévères – qui méritent d'être citées textuellement : « Je vois un jeune homme entêté de chimères, à qui tout déplaît, et qui s'est soustrait aux charges de la société pour se livrer à d'inutiles rêveries. On n'est point, monsieur, un homme supérieur parce qu'on aperçoit le monde sous un jour odieux. On ne hait les hommes et la vie que faute de voir assez loin. Étendez un peu plus votre regard, et vous serez bientôt convaincu que tous ces maux dont vous vous plaignez sont de purs néants. […] Quiconque a reçu des forces doit les consacrer au service de ses semblables […]. » (144–145). – Le narrateur – ou Chateaubriand –, qui a évolué manifestement, prend distance de René – ou de son moi antérieur.

René meurt peu de temps après dans le massacre des Natchez.

COMMENTAIRE

A l'origine conçu comme une partie des *Natchez,* qui furent publiés en 1826, *René* fut inclus dans *Le Génie du christianisme* de Chateaubriand en 1802. Avec sa prose ample, rhétorique, bien rythmée et pathétique cette célèbre nouvelle représente un mélange d'éléments autobiographiques et de fiction romanesque. Elle contient les plus importantes influences et orientations spirituelles de la jeunesse de Chateaubriand. Et elle contient entre autre des éléments de son voyage en Amérique en 1791. Une évocation de cela, une parfaite idylle se trouve dès le début de l'œuvre, quand René, Chactas et Souël sont présentés. Ils se trouvent au bord du Meschacebé (Mississipi) : « L'aurore se levait, à quelques distance dans la plaine, on apercevait le village des Natchez, avec son bocage de mûriers et ses cabanes qui ressemblaient à des ruches d'abeilles. […] à l'occident, le Meschacebé roulait ses ondes dans un silence magnifique et formait la bordure du tableau avec une inconcevable grandeur. » (118).

Dans son récit, René se propose, non de raconter des aventures, mais des données de sa vie intérieure, des sentiments secrets de son âme ou, comme il dit, « l'histoire de mon cœur » (118).[9] Nous constatons que cette « histoire » est dominée par tout un ensemble de pensées et sentiments négatifs tels que l'ennui, la mélancolie, la tristesse, l'inquiétude, l'incertitude et le vague des passions. Mais tout ceci est le résultat d'une recherche vaine de la plénitude et du bonheur. La négativité est contrebalancée, d'une certaine façon, par l'entente avec sa sœur – « je ne trouvais l'aise et le contentement qu'auprès de ma sœur » (119) et par le fait qu'ils jouissent ensemble du spectacle de la nature. De même que par les rêveries de René pendant ses promenades dans les bois.

René se distingue par l'extrême, par un caractère passionné, la richesse de son imagination et la vivacité de sa sensibilité et par une nature complexe et contradictoire. Il dit lui-même « on m'accuse d'avoir des goûts inconstants, de ne pouvoir jouir longtemps de la même chimère […] » (128). Par exemple la nuit dans sa chaumière « la vie redoublait au fond de mon cœur » – et quelques lignes plus loin « une langueur secrète », « un profond sentiment d'ennui » s'emparait de mon corps (130). Nous parlerions aujourd'hui de bipolarité !

Ce qui n'empêche pas qu'il est capable d'exprimer par-ci par-là de sages et belles paroles comme « le chant naturel de l'homme est triste, lors même qu'il exprime le bonheur » (129), ou « l'homme sait-il bien toujours ce qu'il veut, est-il toujours sûr de ce qu'il pense ? » (131), ou « la famille de l'homme n'est que d'un jour : le souffle de Dieu la disperse comme une fumée » (137), ou « Quiconque a reçu des forces doit les consacrer au service de ses semblables » (145). Nous trouvons toute

----

9   Il faut tenir compte du fait que dans un récit le moi se scinde en deux : <u>le moi du présent</u> se souvient, commente, analyse ou raconte (par exemple « Je ne puis, en commençant mon récit, me défendre d'un mouvement de honte »), alors que <u>le moi du passé</u> est raconté (p. ex. « Mon humeur était impétueuse, mon caractère inégal. Tour à tour bruyant et joyeux, silencieux et triste, je rassemblais autour de moi mes jeunes compagnons, puis, les abandonnant tout à coup, j'allais m'asseoir à l'écart […] »).

une série de thèmes dans cette œuvre : le mal-être et ses termes voisins, l'amour fraternel, voire incestueux, la solitude, recherchée mélancoliquement et abandonnée plus tard, l'aspiration vers l'infini et vers les espaces d'une autre vie, le voyage, la religion et la mort (du père, de la sœur et lui-même).

Le début et la fin du récit de René sont encadrés par la présence chaque fois de Chactas et du père Souël. – Nous savons que le cadre est une caractéristique traditionnelle d'une nouvelle.

On comprend que cette œuvre ait pu plaire et exercer une grande influence sur la génération d'écrivains romantiques qui ont suivi.

© Frank & Timme   Verlag für wissenschaftliche Literatur

Les aventures du dernier Abencérage[10]

Extrait

Lorsque Boabdil, dernier roi de Grenade, fut obligé d'abandonner le royaume de ses pères, il s'arrêta au sommet du mont Padul. De ce lieu élevé on découvrait la mer où l'infortuné monarque allait s'embarquer pour l'Afrique; on apercevait aussi Grenade, la Véga et le Xénil, au bord duquel s'élevaient les tentes de Ferdinand et d'Isabelle. A la vue de ce beau pays, et des cyprès qui marquaient encore çà et là les tombeaux des musulmans, Boabdil se prit à verser des larmes. La sultane Aixa, sa mère, qui l'accompagnait dans son exil avec les grands qui composaient jadis sa cour, lui dit : « Pleure maintenant comme une femme un royaume que tu n'as pas su défendre comme un homme. » Ils descendirent de la montagne, et Grenade disparut à leurs yeux pour toujours.

Les Maures d'Espagne, qui partagèrent le sort de leur roi, se dispersèrent en Afrique. [...] les Abencérages se fixèrent dans les environs de Tunis. Ils formèrent, à la vue des ruines de Carthage, une colonie que l'on distingue encore aujourd'hui des Maures d'Afrique par l'élégance de ses mœurs et la douceur de ses lois.

Ces familles portèrent dans leur patrie nouvelle le souvenir de leur ancienne patrie. Le Paradis de Grenade vivait toujours dans leur mémoire. Tous les cinq jours on priait dans la mosquée en se tournant vers Grenade. On invoquait Allah, afin qu'il rendît à ses élus cette terre de délices. [...] Les Abencérages conservaient le plus tendre et le plus fidèle souvenir de la patrie. Ils avaient quitté avec un mortel regret le théâtre de leur gloire, et les bords qu'ils firent si souvent retentir de ce cri d'armes : »Honneur et Amour. »

....

10 Chateaubriand, *Œuvres romanesques et voyages*, t. 2, éd. Maurice Regard, Paris, Gallimard, 1969 (Bibliothèque de la Pléiade, 210), pp. 1361–1401.

RÉSUMÉ

« Lorsque Boabdil, dernier roi de Grenade, fut obligé d'abandonner le royaume de ses pères, il s'arrêta au sommet du mont Padul. De ce lieu élevé on découvrait la mer où l'infortuné monarque allait s'embarquer pour l'Afrique. » (1361) C'est ainsi que commence donc la célèbre nouvelle de Chateaubriand.

L'action de la nouvelle débute vingt-quatre ans après la chute de Grenade en 1516. Aben-Hamet, un descendant des Abencérages, est l'espoir de la tribu. Jeune homme de 22 ans, il entreprend un pèlerinage au pays de ses ancêtres sous l'aspect d'un médecin. Nous apprenons qu' « il réunissait en lui la beauté, la valeur, la courtoisie, la générosité de ses ancêtres, avec dans les yeux ce doux éclat et cette légère expression de tristesse que donne le malheur noblement supporté. » (1363). A son arrivée à Grenade il admire avec émotion l'Alhambra, le Généralife et l'Albaïzyn. Il sort au milieu de la nuit pour errer dans les rues. Dans un faubourg de la ville il entend une porte s'ouvrir et voit sortir une belle inconnue qui se rend à l'église. Il s'éprend instantanément de la belle Espagnole. Et elle, « non moins surprise, regarde l'Abencérage, dont le turban, la robe et les armes embellissaient encore la noble figure. » (1368).

Comme il s'est égaré, elle le reconduit à la maison des Maures – et disparaît. Désormais il ne s'occupe plus seulement du dessein qui le faisait venir à Grenade. Il parcourt les rues et les églises à la recherche de la belle chrétienne. Il finit par la retrouver sur une colline en dehors de la ville. « L'inconnue chantait une romance castillane qui retraçait l'histoire des Abencérages et des Zégris » (1370). Doña Blanca de Bivar est son nom. Elle descend du Cid de Bivar et de Chimène. « Tout était séduction dans cette femme enchanteresse ; [...] Elle avait les passions d'une Espagnole, et sa coquetterie naturelle n'ôtait rien à la sûreté, à la constance, à la force, à l'élévation des sentiments de son cœur. » (1372).

© Frank & Timme   Verlag für wissenschaftliche Literatur

Sans trop tarder elle se trouve prise d'une passion profonde. Elle se dit : « Qu'Aben-Hamet soit chrétien, qu'il m'aime, et je le suis au bout de la terre. » (1374). Et lui pour sa part se dit aussi : « Que Blanca soit musulmane, qu'elle m'aime, je la sers jusqu'à mon dernier souffle. » Par la suite ces serments se répèteront souvent. Doña Blanca sert de guide à Aben-Hamet dans l'Alhambra. « Tous les charmes, tous les regrets de la patrie, mêlés aux prestiges de l'amour, saisirent le cœur du dernier Abencérage » (1376). Mais il ne révèle pas encore le secret de sa naissance.

Il est appelé à Tunis. Sa mère, qui est très malade, veut encore voir son fils. Plusieurs séparations et retrouvailles ont lieu, avec l'amour toujours croissant.

La troisième année une lettre de Blanca lui apprend le départ de son père, le duc de Santa Fé, pour Madrid et l'arrivée de son frère Don Carlos. Carlos avait été absent pendant sept ans. De tempérament grave, austère et religieux, il est courageux et fier et, comme ses ancêtres, il hait les Infidèles. Renonçant au mariage, il est entré dans l'Ordre de Calatrava et a destiné tous ses biens à sa sœur. En sa compagnie se trouve son ami François de Lautrec, un jeune et vaillant chevalier français, de l'illustre famille de Foix qui a été fait prisonnier à Pavie (comme François Ier). C'est manifestement un rival de Aben-Hamet. Blanca déclare cependant avec fermeté à son frère qu'elle aime Aben-Hamet, mais qu'elle ne sera jamais l'épouse d'un Infidèle. Hors de lui et furieux, Don Carlos se met à combattre Aben-Hamet dans un duel et est vaincu. Don Carlos lui doit donc la vie. Aben-Hamet éprouve un mélange de sentiments doux et amers : d'un côté l'assurance d'être aimé le rend heureux, et de l'autre la certitude de devoir renoncer à la religion de ses pères l'accable.

Un certain temps après il est sur le point d'abandonner sa foi de musulman lorsqu'il apprend que son grand-père a été tué par un Bivar, un parent de Blanca et Carlos ! Il révèle qu'il est le dernier Abencérage et qu'en venant à Grenade il avait surtout l'intention de chercher quelque fils des Bivar. Brisé de douleur, il demande à Blanca de dire ce qu'il doit faire pour être digne de son amour.

Elle s'écrie : « Retourne au désert ! » et elle s'évanouit.

COMMENTAIRE

A la fin de son voyage en Orient, pour retourner en France, Chateaubriand passa en 1806 par l'Espagne. L'Andalousie le fascina particulièrement. Dans les années qui suivirent, il écrivit l'*Abencérage,* mais il ne le publia que beaucoup plus tard, en 1826 : sous l'Empire napoléonien la publication d'un livre qui glorifiait le passé espagnol était inopportune. L'Espagne était considérée comme une nation ennemie.

En 1492, les Espagnols conquirent le royaume de Grenade et chassèrent les Musulmans. Les différentes tribus, les Zégris, les Vanégas, les Alabès et les Abencérages se dispersèrent en Afrique. Les Abencérages, qui se distinguaient par leur adresse, leur courage et par l'élégance de leurs mœurs, se fixèrent au bord de la mer à Tunis. Ils avaient été les maîtres de la région depuis le VIIe siècle. Le livre de Chateaubriand nous apprend que, pleins de regrets, ils conservaient le souvenir de leur ancienne patrie.

Les aventures du dernier Abencérage représente une nouvelle hispano-mauresque. La source principale provient de Ginés Pérez de Hita, un écrivain espagnol du XVIe siècle qui composa une *Histoire des luttes des Zégris et des Abencérages*, ouvrage duquel Chateaubriand tira nombre d'emprunts. Une longue tradition du thème mauresque s'en suivit à travers les siècles.

Par moments on a l'impression de lire un poème, et à d'autres, surtout à la fin, d'assister, quant aux personnages, à une tragédie de Corneille.

Dans son *Avertissement* Chateaubriand écrivit qu'il a « voulu peindre trois hommes d'un caractère également élevé. » Et il a réussi. Aben-Hamet, Don Carlos et François de Lautrec sont tous les trois beaux, maîtres d'eux-mêmes et parfaits (tout en restant humains et psychologiquement convaincants). Vertu, estime et honneur sont leurs idéaux. Aben-Hamet par exemple est le héros maure idéal aux traits romantiques. Il éprouve une passion profonde, ne recule devant aucun danger, est fidèle au souvenir de ses ancêtres et est, éventuellement, capable d'une pensée philosophique : « il réfléchit sur les destinées humaines, sur les vicissitudes de la fortune, sur la chute des empires, sur cette Grenade enfin […] ». (1367). Il est venu pour chercher et se battre avec un fils des Bivars – et est vaincu par l'amour d'une fille des Bivars !

Doña Blanca n'est en rien moins honorable que Aben-Hamet : elle se distingue également par la passion, la fidélité, l'élévation de ses sentiments et la force de caractère. Tous les deux s'aiment d'un amour sans limites, mais un avenir commun ne leur est pas possible : ils sont tributaires de leurs ancêtres, elle en tant que chrétienne et lui comme musulman. Les contrastes entre amour et religion, entre christianisme et islam, entre vainqueurs (chrétiens) et vaincus (Abencérages) représentent les thèmes centraux et la strucure de la nouvelle.

Et au sublime des personnages correspond le style de l'œuvre, un style élevé, héroïque, somptueux par endroits, mais toujours clair et concret. Et à cela contribuent des descriptions, un riche décor – l'Alhambra, Grenade et les beaux paysages andalous – et force couleur locale.

On comprend que les romantiques aient réservé une réception enthousiaste aux *Aventures du dernier Abencérage*.[11]

---

11 Berchet, Jean-Claude, *Chateaubriand*, Paris, Gallimard, 2012; Dubé, Pierre H., *Chateaubriand's Les aventures du dernier Abencérage*, Franfurt/M., Lang, 1989.

Honoré de BALZAC (1799–1850)

Balzac est le plus grand romancier français du XIXe siècle. Il est né en 1799 à Tours. De 1807 à 1813 il est pensionnaire au collège de Vendôme. Puis, à Paris, il commence des études de droit et est clerc chez un avocat (Cf. Derville dans *Gobseck*). Comme il veut embrasser une carrière d'écrivain, sa famille loue une mansarde pour lui et le laisse tenter sa chance pendant un an. Il compose *Cromwell*, une tragédie en vers qui n'a pas de succès. Alors il change de genre et se consacre au roman. Sous différents pseudonymes il publie une série d'ouvrages qui servent pour le nourrir, mais qui n'ont pas de valeur. Au milieu des années vingt il se lance dans les affaires et achète une imprimerie. Mais ce sera un échec financier de première classe ! Il se sera endetté jusqu'à la fin de sa vie. – A partir de 1829/30 il donne ses premières œuvres réussies : *Les Chouans*, roman historique en 1829, *La Peau de chagrin*, récit philosophique de 1832, et coup sur coup des chefs-d'œuvre comme *Le père Goriot, Eugénie Grandet, Le curé de Tours* et *Illusions perdues*. En vingt ans Balzac publie environ 90 romans et nouvelles! Il étudie les types humains dans les milieux sociaux et crée le principe des personnages reparaissants. Il réunit l'ensemble de ses romans dans ce qu'il appelle *La Comédie humaine* (par opposition à *La Comédie divine* de Dante) qui doit correspondre à la société entière. L'argent et le pouvoir se trouvent au centre de cette énorme agitation. Deux femmes jouent un rôle décisif dans sa vie : Mme de Berny qui est bien plus âgée que lui, qui l'aime, le conseille et l'encourage, et Mme Hanska, une admiratrice polonaise avec qui il entretient pendant près de vingt ans une relation par correspondance et qu'il épousera peu avant sa mort en 1850.

Honoré de BALZAC (1799–1850)

Balzac est plein de dynamisme et d'énergie. Il est un grand observateur, un extraordinaire réaliste et en même temps, d'après Baudelaire, un visionnaire.

© Frank & Timme   Verlag für wissenschaftliche Literatur

Gobseck[12]

Extrait

A une heure du matin, pendant l'hiver de 1829 á 1830, il se trouvait en-core dans le salon de la vicomtesse de Grandlieu deux personnes étran-gères à sa famille. Un jeune et joli homme sortit en entendant sonner la pendule. Quand le bruit de la voiture retentit dans la cour, la vicomtesse, ne voyant plus que son frère et un ami de la famille qui achevaient leur piquet, s'avança vers sa fille qui, debout devant la cheminée du salon, semblait examiner un garde-vue en lithophanie et qui écoutait le bruit du cabriolet de manière à justifier les craintes de sa mère.

Camille, si vous continuez à tenir avec le jeune comte de Restaud la conduite que vous avez eue ce soir, vous m'obligerez à ne plus le recevoir. Écoutez, mon enfant, si vous avez confiance en ma tendresse, laissez-moi vous guider dans la vie, à dix-sept ans l'on ne sait juger ni de l'avenir, ni du passé, ni de certaines considérations sociales. Je ne vous ferai qu'une seule observation. Monsieur de Restaud a une mère qui mangerait des millions, une femme mal née, une demoiselle Goriot qui, jadis, a fait beaucoup parler d'elle. Elle s'est si mal comportée avec son père qu'elle ne mérite certes pas d'avoir un si bon fils. Le jeune homme l'adore et la sou-tient avec une piété filiale digne des plus grands éloges ; il a surtout de son frère et de sa sœur un soin extrême.

Quelque admirable que soit cette conduite, ajouta la comtesse d'un air fin, tant que sa mère existera, toutes les familles trembleront de confier à ce petit Restaud l'avenir et la fortune d'une jeune fille.

....

12 Honoré de Balzac, *Gobseck. Une double famille*, Paris, Garnier-Flammarion, 1984 (GF 429), pp. 74–128.

RÉSUMÉ

Cette nouvelle se situe donc au cours d'une soirée de l'hiver 1829/30. L'avoué Derville est reçu dans la maison de la vicomtesse de Grandlieu. Il a gagné un procès en sa faveur concernant la restitution de biens qui avaient été confisqués à la Révolution. Au cours de cette soirée, Derville assiste à un entretien sur l'amour de Camille, la fille de Madame de Grandlieu, et le jeune comte Ernest de Restaud. On se méfie de ce dernier à cause de sa mère – une fille du père Goriot – qui mène une vie scandaleuse et « qui mangerait des millions » (74). Derville est au courant de l'histoire de la fortune du comte Ernest. Il intervient et en raconte les circonstances.

Pour ce faire, il sent le besoin de se référer au personnage de Gobseck qui avait été par hasard son voisin. Il s'agit d'un homme singulier. Il est usurier, une personne qui prête de l'argent à un taux très élevé.[13] Il habite dans une maison *humide* et sombre dans la rue des Grès à Paris qui jadis fut un couvent. Il y mène une vie claustrale. Son âge et son origine ? Il a environ soixante-seize ans. Il est né dans les faubourgs d'Anvers vers 1740 d'une Juive et d'un Hollandais et se nomme Jean-Esther Van Gobseck. Sa jeunesse ? « Sa mère l'avait fait embarquer dès l'âge de dix ans en qualité de mousse pour les possessions hollandaises dans les Grandes Indes, où il avait roulé, pendant vingt années. » (79). Il y avait accumulé de riches expériences de toutes sortes. Le résultat est que maintenant il se présente comme un homme sans illusions. Il est perspicace, ses yeux scintillent, un regard lui suffit pour comprendre quelqu'un. Gobseck est calme et froid comme du marbre et adopte volontiers une attitude impassible et impénétrable. Il a une voix sourde et flûtée et a l'habitude de s'exprimer d'une façon monosyllabique : Monsieur ! s'écria le comte vous connaissez ma femme. –

....

13 « escompteur » et « capitaliste » sont les termes dans le texte.

Vrai ? – Elle est en puissance de mari. – *Possible.* – Elle n'avait pas le droit de disposer de ces diamants… – *Juste.* […] Adieu, monsieur, s'écria le comte pâle de colère. Il y a des tribunaux ! – *Juste.* – etc. (106).

Gobseck est en même temps un philosophe, « un philosophe de l'école cynique » (81), selon Derville. Il possède toute une théorie de l'énergie. Il économise le mouvement vital et est convaincu que les émotions fortes usent la vie (*La Peau de chagrin* en sera la démonstration).

Il voit partout un combat entre les riches et les pauvres, et la finance domine tout. Il est fasciné par <u>une</u> chose, l'OR, qui représente et symbolise les puissances de l'argent dans la société moderne (82).

Derville pense finalement que Gobseck est à la fois petit et grand, avare et philosophe : »sorti de ses affaires, il est l'homme le plus délicat, le plus probe qu'il y ait à Paris.» (123). Une action positive de sa part consiste dans le fait qu'il a prêté de l'argent à Derville – il est vrai à des intérêts exorbitants – pour qu'il puisse ouvrir son propre cabinet.

Derville, lui, est un avoué intelligent, adroit, réaliste, honnête et humain. Il est l'idéal intermédiaire qui s'interpose entre les partis qui s'opposent.

A un moment donné, Gobseck prend la parole lui-même à l'intérieur du discours de Derville pour présenter sa vision des choses directement. Il se voit en face de la société comme un vengeur. En quittant la maison de gens fortunés, il signe volontiers sa présence sur le tapis qui couvre les dalles de l'escalier, « j'aime à crotter les tapis de l'homme riche, non par petitesse, mais pour leur faire sentir la griffe de la Nécessité. » Il donne deux exemples de différentes clientes qui ont besoin d'argent. D'une part la belle comtesse de Restaud qui gaspille la fortune de sa famille en compagnie de son amant, et de l'autre, Fanny Malvaut, une pauvre mais honnête lingère (la future femme de Derville), à qui il prête de l'argent pour seulement (!) douze pour cent.

Derville reprend les rênes et raconte comment la comtesse et son amant se sont rendus chez Gobseck pour un problème d'argent. Il les a reçus froidement, comme leur juge. En désespoir de cause la comtesse lui offrit ses diamants de famille. « Gobseck, immobile, avait saisi sa loupe et contemplait silencieusement l'écrin. [...] Ses joues pâles s'étaient colorées ; ses yeux, où les scintillements des pierres semblaient se répéter, brillaient d'un feu surnaturel. Il se leva, alla au jour, tint les diamants près de sa bouche démeublée, comme s'il eût voulu les dévorer. Il marmottait de vagues paroles, en soulevant tour à tour les bracelets, les colliers, les diadèmes, qu'il présentait à la lumière pour en juger l'eau, la blancheur, la taille ; il les sortait de l'écrin, les y remettait, les y reprenait encore, les faisait jouer en leur demandant tous leurs feux, plus enfant que vieillard, ou plutôt enfant et vieillard tout ensemble. – Beaux diamants ! » (102).

Le prêteur d'argent se met à marchander le prix des diamants. A cette occasion il montre son don de diplomate. Derville, qui a remarqué que la comtesse mesure la profondeur du précipice où elle est en train de tomber, tente de l'empêcher de réaliser cette vente. Mais en vain. Elle ne peut plus faire marche arrière. Elle se lève, salue et quitte la pièce.

Son mari, le comte de Restaud, se présente aussi chez Gobseck. Il veut récupérer les fameux diamants. Mais rien à faire, Gobseck ne cède pas. Derville, l'homme du compromis, propose de transiger. Finalement ils tombent d'accord pour que le comte transfère sa fortune, *par une vente simulée*, à Gobseck, afin de la conserver pour son fils Ernest. Comme garantie et sécurité Derville doit recevoir une contre-lettre.

Trois mois après, le comte est un grand malade, qui se trouve près de la mort. Il détient encore la contre-lettre. La comtesse fait le siège de sa chambre et ne laisse passer personne. Elle joue l'épouse désolée et l'amour maternel. Quand le comte est mort, Derville et Gobseck ont accès à sa chambre qu'ils qu'ils trouvent dans un état chaotique : la

 © Frank & Timme   Verlag für wissenschaftliche Literatur

comtesse a désespérément cherché les documents qui la concernent – et a brûlé la contre-lettre dans la cheminée. Gobseck est donc le propriétaire de la fortune des Restaud !

Pendant environ cinq ans il jouit des avantages de cette fortune. Un jour Derville lui rend visite. Il l'informe du projet de mariage de Camille Grandlieu avec Ernest de Restaud et lui demande d'accomplir sa promesse parce qu'Ernest arriverait bientôt à sa majorité.

Gobseck est depuis longtemps malade. Peu à peu l'âge a converti sa passion de l'argent et de l'or en une sorte de folie, mais il continue à exercer ses activités financières et à recevoir lui-même ses pratiques. Près de la mort, il nomme Derville son exécutant testamentaire. Il se lamente : « Enfin j'ai tout et il faut tout quitter ! » (123) Et il meurt avec toute sa raison. C'est alors que Derville découvre dans les différentes chambres de la maison l'entassement d'une énorme quantité de choses, « de meubles, d'argenterie, de lampes, de tableaux, de vases, de livres, de belles gravures roulées, sans cadres, et de curiosités » (126), mais aussi des comestibles, des pâtés pourris, des coquillages et des poissons. Il s'adresse aux Grandlieu les informant que « par des actes en bonne forme, le comte Ernest de Restaud sera, sous peu de jours, mis en possession d'une fortune qui lui permet d'épouser mademoiselle Camille » (127).[14]

COMMENTAIRE

En 1830, le titre de l'édition originale de la nouvelle était « Les dangers de l'Inconduite ». Elle consistait en trois chapitres : l'usurier, l'avoué et

....

14 Que la comtesse de Restaud se serait assagie entretemps et que Ernest pourrait lui constituer une part de cette fortune est difficilement acceptable. Derville constate peu avant la fin : « Quand je pris congé d'elle, je surpris dans ses yeux une expression de haine et de fureur qui me fit trembler. » Et son mari lui dit : « Vous me glacez ! […] Vous avez été mauvaise fille, vous avez été mauvaise femme, vous serez mauvaise mère ».

la mort du mari et figurait parmi *Les Scènes de la vie privée*. En 1835 le titre était « Le papa Gobseck » et en 1842 simplement « Gobseck ». (Il est évident, par conséquent, qu'en 1830 l'accent est encore beaucoup mis sur l'intrigue des Restaud).

Il s'agit bien d'une nouvelle, avec peu de personnes et le personnage de Gobseck au centre. Vers la fin elle s'approche du conte fantastique avec l'apparition du moribond comte de Restaud qui est décharné comme un squelette, et, d'autre part, l'amas chaotique des denrées dans la maison de Gobseck.

L'action se situe au XIXe siècle, lors de la Restauration (1814–1830), les rois étant Louis XVIII et puis Charles X. En 1816, commence l'histoire de Gobseck que raconte Derville. En 1824, a lieu la mort du comte de Restaud et en 1829 celle de Gobseck. Au cours d'une soirée en 1829 chez les Grandlieu, Derville raconte tout ce que le lecteur est en train de lire.

Balzac tient à la précision de la topographie. C'est ainsi que l'histoire de Gobseck a lieu dans différents quartiers et rues de Paris qui soulignent l'appartenance sociale des personnages de l'œuvre : le faubourg Saint-Germain (la vicomtesse de Grandlieu), la rue des Grès (Gobseck), la rue du Helder (le comte et la comtesse de Restaud) et la rue Montmartre (Fanny Malvaut).

Quelques éléments structurels peuvent retenir notre attention. Tout d'abord le fait que nous avons affaire à un récit avec *encadrement*. Mais ce qui est original en l'occurrence est que le cadre, la référence à la réalité de Madame de Grandlieu, n'est pas seulement mentionnée au début et à la fin, mais cinq ou six fois au cours de la narration de Derville.

Du reste, le procédé de la narration domine dans la nouvelle, avec, comme procédés secondaires, des dialogues, des portraits et des scènes. Et à un moment la narration de Derville est relayée par une autre (provisoirement), par celle de Gobseck qui explique de façon directe sa vision des choses. Nous pouvons donc parler d'une double, voire triple narration (si nous prenons aussi en considération la narration globale de la part de Balzac).

Vu de près nous nous trouvons devant quatre récits qui s'entre-pénètrent et qui forment (quand même) une unité : 1) l'histoire des Grandlieu avec Ernest et Camille, 2) l'histoire de GOBSECK, 3) l'histoire des de Restaud et 4) l'histoire de Derville, qui est narrateur – et acteur dans l'histoire. La nouvelle est donc à la fois riche et cohérente.

L'éventail social est assez large : l'aristocatie est représentée par les Grandlieu et les Restaud ; en opposition à eux se situe le prolétariat avec Fanny Malvaut ; et au milieu figurent – comme bourgeois ? – Derville et Gobseck.

Gobseck est en même temps un individu – et un type. Il a une série de confrères dans Paris, les Werbrust, Palma et Gigonnet qui forment tout un cartel.

Ce qui est assez curieux c'est qu'après la mort de Gobseck une partie de sa fortune va vers le jeune comte Ernest de Restaud et l'autre, la principale, est destinée à la Torpille, une fille légère!

Gobseck, Derville et Anastasie de Restaud sont des personnages qui reparaissent au cours de la *Comédie Humaine*.

Honoré de BALZAC (1799–1850)

Le Colonel Chabert[15]

Extrait

« Allons ! encore notre vieux carrick[16] ! » Cette exclamation échappait à un clerc appartenant au genre de ceux qu'on appelle dans les études des saute-ruisseaux [17], et qui mordait en ce moment de fort bon appétit dans un morceau de pain ; il en arracha un peu de mie pour faire une boulette et la lança railleusement par le vasistas[18] d'une fenêtre sur laquelle il s'appuyait. Bien dirigée, la boulette rebondit presque à la hauteur de la croisée, après avoir frappé le chapeau d'un inconnu qui traversait la cour d'une maison située rue Vivienne, où demeurait maître Derville, avoué.

« Allons, Simonnin, ne faites donc pas de sottises aux gens, ou je vous mets à la porte. Quelque pauvre que soit un client, c'est toujours un homme, que diable ! » dit le Maître clerc en interrompant l'addition d'un mémoire de frais. Le saute-ruisseau est généralement, comme était Simonnin, un garçon de treize à quatorze ans, qui dans toutes les études se trouve sous la domination spéciale du Principal clerc dont les commissions et les billets doux l'occupent tout en allant porter des exploits[19] chez les huissiers et des placets au Palais. Il tient au gamin de Paris par ses mœurs, et à la Chicane par sa destinée. Cet enfant est presque toujours sans pitié, sans frein, indisciplinable, faiseur de couplets, goguenard, avide et paresseux...

....

15 Balzac, *Le Colonel Chabert,* suivi de *Honorine* et de *L'Interdiction,* éd. Maurice Allem, Paris, Garnier Frères, 1964, p. 3–80.

16 *carrick* – une sorte de redingote.

17 *saute-ruissaux* – le petit clerc qui fait les courses.

18 *vasistas* – la petite partie mobile d'une fenêtre.

19 *exploit* – acte judiciaire 19 placet – pétition, demande.

© Frank & Timme   Verlag für wissenschaftliche Literatur

RÉSUMÉ

« Allons ! encore notre vieux carrick! Cette exclamation échappait à un clerc appartenant au genre de ceux qu'on appelle dans les études des *saute-ruisseaux,...* »

Voilà le début d'une histoire célèbre, d'une histoire tragique. – La nouvelle commence par une scène dans le cabinet de maître Derville, rue Vivienne, à Paris. Balzac souligne qu'il s'agit d'une situation typique dans une semblable étude. Nous sommes en 1815, c'est-à-dire au début de la Restauration. Les clercs sont en train de rédiger une requête pour la restitution des biens de Madame de Grandlieu (cf. *Gobseck*).

Le Colonel Chabert frappe et entre. Il veut parler à l'avoué. Il est déjà venu cinq fois. Entre les clercs de l'étude et lui tout se passe sous le signe de la raillerie. D'entrée de jeu par exemple, Simonnin, le saute-ruisseau, au lieu de l'appeler par son nom, le traite comme une chose en l'identifiant avec son carrick. Le maître clerc se sent obligé d'intervenir pour rectifier : « Quelque pauvre que soit un client, c'est toujours un homme, que diable ! » (3). Peu après, le troisième clerc demande à la ronde : « Quel tour pourrions-nous jouer à ce chinois-là ? » (4). Et quand le Colonel est parti après avoir obtenu le renseignement selon lequel l'avoué reçoit ses clients à minuit, les clercs se font un jeu à se demander – comme nous à la première lecture – qui il peut bien être, quelque colonel qui réclame un arriéré ?, un ancien concierge ?, un noble ?, un ancien portier ?

Vers une heure du matin, le prétendu colonel Chabert vient effectivement se présenter au cabinet de maître Derville. Celui-ci a l'habitude de recevoir quelques clients et de préparer ses dossiers du lendemain dans le calme et le silence à cette heure nocturne. Quand il rentre il entrevoit dans le clair-obscur le singulier client qui l'attend. Le colonel est parfaitement immobile. Il est sec et maigre. Le front caché sous les cheveux de sa perruque lisse lui donne un aspect mystérieux. Le visage pâle, livide, « et en lame de couteau » (15), semble mort. Le cou est serré par une mauvaise cravate de soie noire. Derville remarque « les rides blanches, les sinuosités froides, le sentiment décoloré de cette physionomie cadavéreuse. » (16). Il découvre « en cet homme foudroyé les signes d'une douleur profonde, les indices d'une misère qui avait dégradé ce visage ». Pour saluer l'avoué, il se lève et se découvre et alors, sa perruque restant collée, elle laisse voir « à nu son crâne horriblement mutilé par une cicatrice transversale qui prend à l'occiput et va mourir à l'œil droit. » (16).

Derville prie le Colonel d'expliquer sa cause. Le narrateur s'efface alors et laisse parler Chabert qui raconte tout ce qui lui est arrivé depuis la bataille napoléonienne contre les Russes à Eylau en 1807. Il commandait un régiment de cavalerie lorsqu'il fut blessé et laissé pour mort (« ma mort est un fait historique consigné dans les *Victoires et Conquêtes* », 18). Il était tombé de son cheval et s'était évanoui. Le corps du cheval l'avait couvert l'empêchant heureusement d'être écrasé en pleine bataille. Il se réveilla dans une fosse au milieu de cadavres ! Il s'en sortit péniblement – et alors commença une longue errance, tel un vagabond, de la maison de pauvres gens près d'Eylau à un hôpital à Heilsberg, ensuite à Stuttgart, où il fut enfermé pendant deux années comme fou, et après à Karlsruhe et Strasbourg avant d'arriver finalement à Paris. Là il retrouva son hôtel démoli et vendu et sa femme remariée, avec deux enfants. Celle-ci ne voulut pas reconnaître son premier mari en cet homme méconnaissable, qui lui avait écrit plusieurs fois et qui s'était vainement présenté à son hôtel. Il se dit « enterré sous les morts, mais maintenant je suis enterré sous des vivants, sous des actes, sous des faits, sous la société tout entière, qui veut me faire rentrer sous terre ! » (24).

Derville est touché par ce récit qui l'a convaincu. Il veut s'occuper de son affaire et lui fait un prêt. Chabert considère comme un miracle le

© Frank & Timme   Verlag für wissenschaftliche Literatur

fait que Derville le croit. Mais parce que Derville est aussi l'avoué de la comtesse Ferraud, veuve du Colonel Chabert, la situation se complique.

Trois mois après, une lettre arrive d'Allemagne avec les pièces qui prouvent ce que le Colonel Chabert avait affirmé. Derville se rend au Faubourg Saint-Marceau. Le Colonel y loge gratuitement dans des conditions misérables chez un nommé Vergniaud, qui avait été maréchal de logis de la garde impériale et qui avait participé à l'expédition de Napoléon en Egypte. Derville expose à Chabert sa situation judiciaire et financière et lui propose de transiger, d'accepter un contrat comportant des concessions réciproques. Chabert est plein de doutes : « Ne vais-je pas rester sans état, sans nom ? » (36). Derville, au contraire, est optimiste : « Je ne l'entends pas ainsi. Nous poursuivrons à l'amiable un jugement pour annuler votre acte de décès et votre mariage, afin que vous preniez vos droits » (44).

Ensuite Derville va rendre visite à la partie adverse, à l'épouse de Chabert. En route vers son domicile, rue de Varennes au faubourg Saint-Germain, il se met à réfléchir à la situation du couple Ferraud. Il trouve que pour arriver à être pair de France sous la Restauration, il vaudrait beaucoup mieux pour le comte Ferraud qu'il soit marié à la fille d'un vieux sénateur. C'est la plaie secrète, un cancer qui dévore Mme Ferraud.

Derville est reçu par elle dans une jolie salle à manger d'hiver. Elle est fraîche et rieuse. L'argent, le vermeil, la nacre étincellent sur la table. (On se rappelle la misère de l'entourage de Chabert chez Vergniaud !). Derville fait sentir à la dame qu'il a bien compris la problématique de sa situation. Et il lui propose, comme avant à son premier mari, de transiger.

Et à partir de maintenant les choses s'accélèrent et prennent une tournure de plus en plus sombre. Pour fixer les bases de la transaction, les deux adversaires se rencontrent dans l'étude de Derville. Cette rencontre échoue aussitôt parce que Chabert s'oppose violemment aux conditions du contrat et que la comtesse Ferraud quitte le local. Mais rusée comme elle l'est, elle l'attend sur un palier de l'escalier, l'invite à se joindre à elle et le fait monter à côté d'elle dans un coupé. Elle l'emmène dans la propriété des Ferraud à Groslay où elle le choie et dorlote, telle une actrice parfaite. Amadoué, il tombe pleinement dans le piège, à tel point qu'il est prêt au sacrifice.

Mais alors se produit la péripétie suivante ! Dans un pavillon le pauvre Chabert entend sa femme dire pleine de mépris à Delbecq, son avocat et complice, qu'il faudra l'enfermer à Charenton (l'asile de fous). Il comprend que les soins qui lui avaient été prodigués, n'étaient qu'un appât pour le prendre dans un piège. Il est déçu et profondément blessé. Il lui prend un dégoût de la vie et de la société entière. La conséquence est qu'il n'entreprend plus rien – et qu'il disparaît. On le retrouve un certain temps après dans un greffe condamné comme vagabond à deux mois de prison, et beaucoup plus tard, en 1840, à Bicêtre dans l'Hospice de la *Vieillesse*. Hébété il répond à Derville qui le salue comme le Colonel Chabert : « Pas Chabert ! Pas Chabert ! Je me nomme Hyacinthe. Je ne suis plus un homme, je suis le numéro 164, septième salle » (78). – Ainsi s'achève le destin d'un homme qui avait été recueilli dans l'*Hospice des enfants trouvés* et qui, sous Napoléon, était devenu comte d'Empire, général et grand officier de la Légion d'honneur !

COMMENTAIRE

Les titres de la nouvelle évoluent au cours des différentes éditions. En 1832 le titre était d'abord *La Transaction,* puis *le Comte Chabert*, en 1835 *La comtesse à deux maris* (dans cette édition Balzac veut donc surtout mettre l'accent sur un problème de couple) et en 1844, dans l'édition de la *Comédie Humaine, Le Colonel Chabert*.

Dans cette nouvelle nous avons affaire à une version particulière du thème récurrent d'un personnage qui revient de guerre et qui, à son retour, est mal reçu dans son pays. En l'occurrence il s'agit d'un drame, au centre duquel se trouve comme personnage tragique le Colonel Chabert.

Les époques historiques qui sont évoquées sont l'Empire napoléonien et, surtout, la Restauration, l'Empire en ce qui concerne les expériences dramatiques de Chabert au cours et à partir de la bataille d'Eylau en 1807, et la Restauration où le drame se noue concrètement à partir de 1815 et où l'action principale a lieu. Les lieux se situent à Paris et ses environs : rue Vivienne (l'étude de Derville), rue de Varennes/ Saint-Germain (le domicile des Ferraud), Saint-Marceau (le nourrisseur Vergniaud), Groslay (la propriété des Ferraud) et Bicêtre (l'Hospice de la Vieillesse de Chabert). Les étapes de ce dernier sur son chemin de retour jusqu'à Paris sont Eylau, Heilsberg, Stuttgart et Strasbourg.

Au début nous entrons dans le monde de la justice par l'évocation très vivante de l'étude de maître Derville. Pour cela Balzac pouvait puiser dans ses souvenirs de clerc chez l'avoué Guillonnet-Merville dans les années 1817 à 1819. C'est donc un expert qui parle.

Le style est sobre et clair. Au début concernant l'étude de Derville – mais seulement là – un certain vocabulaire juridique (par exemple ‹ requête grossoyée ›, ‹ la barbouille ›, ‹ un exploit › ou ‹ un placet ›) peut poser problème. Cela fait partie du réalisme.

La structure de l'œuvre consiste, comme toujours chez Balzac, en un certain nombre de scènes (de la vie privée ou politique) avec leur discours narratif, les descriptions et les dialogues.. En plus, la structure se caractérise par une double narration, d'une part par le récit rectiligne du narrateur, et, de l'autre, par le récit du Colonel Chabert qui raconte ses expériences douloureuses. Et, last but not least, la structure est constituée d'une série de contrastes : Chabert jadis riche et estimé et maintenant pauvre et anonyme, la misérable masure de Vergniaud et le luxueux hôtel de la comtesse Ferraud et, globalement, l'Empire napoléonien avec ses valeurs vraies face à la Restauration avec sa froideur et son égoïsme.

Nous pouvons constater tout un ensemble de thèmes, négatifs comme l'injustice, la tromperie, la manipulation, l'argent[20] et la transaction, mais aussi positifs comme la valeur et l'intégrité (Chabert), la générosité et l'honnêteté (Vergniaud et Derville). Mais deux grands thèmes dépassent et dominent tous les autres : la quête de l'identité (sa perte au début et à nouveau à la fin) et la déshumanisation (Chabert identifié à son carrick au début et à la fin devenant un pur chiffre !).

En ce qui concerne les personnages, beaucoup a déjà été dit dans le résumé du contenu. On peut seulement ajouter quelques traits complémentaires.

Le Colonel Chabert, ce vétéran de la grande armée et ancien soldat courageux, se présente chez Derville sans moyens et défiguré – « ce crâne fendu était épouvantable à voir ». Il est (trop) bon et naïf et se laisse duper par sa femme. Il est une victime de la nouvelle époque. Souvent il est question de son immobilité, ce qui signifie qu'il se dresse comme un représentant de l'Empire dans le nouveau temps. La comtesse Ferraud, autrefois la femme de Chabert, qu'il avait connue dans une maison de débauche sous le nom de Rose Chapotel, est une calculatrice hypocrite et sans scrupule. Comédienne, elle joue la bonne épouse et la mère attentionnée (le type de la femme sans cœur dans la Comédie Humaine). Se voyant menacée dans sa position sociale, elle fait tout pour qu'il reste dans la misère de son anonymat.

....

20 Par exemple la perte de la fortune de Chabert ou l'augmentation des capitaux de Mme de Ferraud par Delbecq.

Le comte Ferraud, son mari, ferait volontiers annuler son mariage, s'il était sûr d'obtenir la pairie.

Derville est un personnage plutôt positif. Il est un excellent négociateur et le médiateur qui propose aux uns et aux autres de transiger. Il est perspicace, compétent, adroit, réaliste et sympathique. Mais dans la lutte contre la comtesse il échoue…

Ce qui en ressort finalement c'est du pessimisme et l'accusation de la société. Comme dans beaucoup d'œuvres du réalisme, les bons sombrent et les méchants ou les médiocres gagnent la partie : Rose Chapotel alias la comtesse Ferraud garde sa position brillante et Delbecq monte et devient président du tribunal de première instance dans une ville importante ! [21]

---

21 Pierre Citron, *Dans Balzac,* Paris, Seuil, 1986. Bernard Guyon, *La pensée politique et sociale de Balzac,* Paris, Colin, 1968.

Victor HUGO (1802–1885)

C'est le grand, pour beaucoup de critiques le plus grand poète et écrivain français du XIXe siècle. Il est né en 1802 à Besançon. Son père étant commandant, puis général, il passe les années de son enfance à Paris, à Naples et en Espagne, devient interne dans une pension, puis est élève au lycée Louis-le-Grand. Son premier recueil de poèmes, les *Odes* de 1822, est déjà couronné de succès et lui vaut une pension de Louis XVIII. Il va être fêté poète, dramaturge et romancier. Au cours des années vingt et trente Hugo accède à la gloire. Il publiera cinq recueils de poésie (*Les Orientales, Les feuilles d'automne, etc.*), le célèbre roman *Notre Dame de Paris* de 1831 et sept drames romantiques dont les plus connus, de contenu espagnol, sont *Hernani*, aussi de 1831 (à l'occasion duquel avait lieu une ‹ bataille › entre les romantiques et les classiques) et *Ruy Blas*.[22]

A partir de 1845 il prend passionnément part à la vie politique. Son grand ennemi devient Napoléon III. Il désapprouve et critique violemment le putsch de celui-ci et doit s'exiler à Jersey et Guernesey – heroïquement pendant 19 ans ! Au cours de ce temps il rédige des livres contre Napoléon III, mais aussi d'autres recueils de poésies de grande qualité : *Les Contemplations* et *La Légende des Siècles*. *Les Misérables*, le roman de 1862, terminent avec éclat la longue série de ses œuvres importantes (d'autres livres, de moindre qualité, comme *L'Année terrible*, *L'Art d'être Grand-Père* ou le roman *Quatre-vingt-treize* suivront bel et bien).

....

22 En 1827 il écrit un drame intitulé *Cromwell* et y ajoute une Préface qui constitue le manifeste du drame romantique.

Hugo se distingue par sa polyvalence, sa fécondité, sa diversité, son imagination phénoménale et sa richesse verbale.

Il meurt en 1885. Ses funérailles constituent une apothéose nationale.

Claude Gueux[23]

Extrait

Il y a sept ou huit ans, un homme nommé Claude Gueux, pauvre ouvrier, vivait à Paris. Il avait avec lui une fille qui était sa maîtresse, et un enfant de cette fille. Je dis les choses comme elles sont, laissant le lecteur ramasser les moralités à mesure que les faits les sèment sur leur chemin. L'ouvrier était capable, habile, intelligent, fort maltraité par l'éducation, fort bien traité par la nature, ne sachant pas lire et sachant penser. Un hiver, l'ouvrage manqua. Pas de feu, ni de pain dans le galetas. L'homme, la fille et l'enfant eurent froid et faim. L'homme vola. Je ne sais ce qu'il vola, je ne sais où il vola. Ce que je sais, c'est que de ce vol il résulta trois jours de pain et de feu pour la femme et pour l'enfant, et cinq ans de prison pour l'homme.

L'homme fut envoyé faire son temps à la maison centrale de Clairvaux. Clairvaux, abbaye dont on a fait une bastille, cellule dont on a fait un cabanon, autel dont on a fait un pilori. Quand nous parlons de progrès, c'est ainsi que certaines gens le comprennent et l'exécutent. Voilà la chose qu'ils mettent sous notre mot.

Poursuivons.

Arrivé là, on le mit dans un cachot pour la nuit et dans un atelier pour le jour. Ce n'est pas l'atelier que je blâme.

Claude Gueux, honnête ouvrier naguère, voleur désormais, était une figure digne et grave. Il avait le front haut, déjà ridé quoique jeune encore, quelques cheveux gris perdus dans les touffes noires, l'œil doux et fort puissamment enfoncé [...]. C'était une belle tête. On va voir ce que la société en a fait.

....

23 Victor Hugo, *Claude Gueux*, éd. Bénédicte Bonnet, Paris, Hatier, 2005.

RÉSUMÉ

Dans cette brève nouvelle de 1834 Victor Hugo raconte la tragique existence d'un homme du peuple qui fut incarcéré pour avoir commis un vol, et qui fut condamné à la peine de mort pour avoir tué un employé de la prison. Écrivain engagé, Hugo prend position contre la peine de mort.

Il s'agit d'un pauvre ouvrier du nom de Claude Gueux qui vivait à Paris avec sa maîtresse et sa fille. Il était digne et grave et intelligent quoique analphabète. Au cours d'un hiver il a volé pour avoir trois jours de pain et du feu pour la femme et l'enfant. Il est arrêté et puni de cinq ans d'emprisonnement. La nuit il est mis dans un cachot, le jour il doit travailler dans un atelier (voir l'extrait).

Le directeur des ateliers est un homme autoritaire, arbitraire et tenace. « Il était fier d'être tenace, et se comparait à Napoléon. […] Quand cet homme donc avait une fois ajusté ce qu'il appelait sa volonté à une chose absurde, il allait tête haute et à travers toute broussaille » (22). Reconnaissant que Claude est un bon ouvrier, il le traite bien au début.

Au bout de quelques mois, Claude acquiert une certaine sérénité. Il a de la personnalité. Peu à peu il exerce une influence sur tous les autres prisonniers. Il est comme un aimant pour eux, qui l'admirent et le consultent quand ils ont un problème. Et par réaction naturelle il est détesté par les geôliers.

C'est un grand mangeur, mais dans la prison la ration est toujours insuffisante. « Il avait faim et c'était tout. Il n'en parlait pas. C'était sa nature ainsi » (25). Un jour un jeune prisonnier, pâle, faible et timide, qui s'appelle Albin, s'approche de Claude et lui offre une part de son repas. A partir de ce jour ils partagent tous les jours leur ration. Une amitié se noue entre eux. Le directeur des ateliers ne voit pas cela d'un bon œil. Jaloux, envieux, il fait mettre Albin dans une autre section de

© Frank & Timme   Verlag für wissenschaftliche Literatur

la prison. Claude éprouve bien sûr une grande déception. Le 25 octobre il donne au directeur jusqu'au 4 novembre pour qu'il cède et fasse revenir Albin. Mais le directeur persiste dans sa décision. Il ne réagit en rien aux prières réitérées de Claude.

Le 4 novembre arrive. Claude se procure une hache dans l'atelier des menuisiers. Il annonce et explique aux quatre-vingts prisonniers qu'il va tuer le directeur, et pourquoi. Ensuite il attend jusqu'au soir la venue du directeur. Il lui demande encore une fois de lui rendre Albin – et après son refus catégorique, il le tue à coups de hache.

Il tire de sa veste des petits ciseaux et se les enfonce dans la poitrine. Il tombe évanoui, mais il n'a pas réussi à se tuer. Aucun des coups n'avait été dangereux.

S'ensuivent le procès et la condamnation à mort.

Sept mois après le fait le pourvoi est rejeté et la punition arrive. Claude Gueux n'a plus qu'une heure à vivre. Il garde sa liberté d'esprit. Et, comme prévu, l'exécution a lieu.

A ce récit poignant Victor Hugo a ajouté une assez longue réflexion. S'adressant aux dirigeants du pays, il leur parle de la peine de mort (« Messieurs, on coupe trop de têtes par an en France », p. 83) et de la situation du peuple qui souffre et a faim (« La misère le pousse au crime et au vice », p. 82).

COMMENTAIRE

Victor Hugo a assisté à l'exécution de plusieurs condamnations à mort – et s'en est indigné ! En 1832 il a lu dans la *Gazette des Tribunaux* le compte rendu du procès d'un certain Claude Gueux qui a été condamné à mort. C'est à partir de ce fait réel qu'il a composé sa nouvelle. Il en a fait un récit réaliste et y a exprimé certaines thèses : la société devrait favoriser l'éducation du peuple et elle ne devrait pas aussi facilement prononcer des peines de mort. Et en même temps Hugo a dénoncé la disproportion entre les délits et les peines, et les conditions de la détention au XIXe siècle.

La facture de la nouvelle est tout à fait classique : peu de personnages autour d'une seule action et d'un thème central.

Claude Gueux, le personnage principal, est un homme du peuple. Il est un bon ouvrier, digne, honnête et calme, analphabète mais intelligent. Avec son caractère fort il devient vite le chef des autres prisonniers.[24] Il ne supporte pas l'injustice, en l'occurrence la séparation arbitraire d'Albin avec qui il a partagé la nourriture et qui est devenu son ami.

Le directeur des ateliers occupe la position du méchant : il est jaloux, autoritaire et dur. Son obstination est la cause de la tragédie. Pour rien au monde il n'est prêt à faire marche arrière et réunir à nouveau Albin et Claude Gueux.

Ces personnages reçoivent généralement une caractérisation directe de la part du narrateur (Claude Gueux pp. 12 et 13 ; le directeur des ateliers p. 21 et 22).

Les lieux ? – L'histoire est située à Paris au début du XIXe siècle. Après son vol on envoie Claude Gueux à la prison de la maison centrale de Clairvaux, et de là, pour son procès, à la cour d'assises de Troyes. Le texte ne le précise pas, mais il est clair que pour l'exécution il a été transporté á Paris.

A cause de sa brièveté ce texte n'est pas divisé en chapitres.

La structure globale de l'œuvre repose sur quatre parties : 1. La présentation de Claude Gueux, son vol et la prison. 2. a) Le caractère du directeur des ateliers, b) L'acclimatation de Claude et son succès auprès des compagnons. 3. La séparation d'Albin, le jeune ami ; l'ultimatum de

....

24 Des documents qu'on a trouvés et qui concernent le véritable Claude Gueux, prouvent que Victor Hugo a pas mal *idéalisé* son personnage.

Claude et son assassinat du directeur, 4. Le procès, la condamnation à mort et l'exécution. On pourrait éventuellement voir une cinquième partie dans le long épilogue de Victor Hugo concernant la peine de mort et la *situation* du peuple.

Selon l'habitude, dans un roman ou une nouvelle, la narration est faite à la troisième personne, mais á la première page de *Claude Gueux* nous rencontrons un narrateur qui utilise plusieurs fois la première personne. Il dit par exemple : « Je dis les choses comme elles sont », ou « Je ne sais pas ce qu'il vola, je ne sais pas où il vola », ou « ce n'est pas l'atelier que je blâme » (12). Ces interventions à la première personne sont des commentaires du narrateur qui cherche la proximité du lecteur.

Le style de la nouvelle est sobre, net et précis. Beaucoup de phrases courtes et lapidaires correspondent au caractère fort et solide de Claude Gueux. Par exemple : »Il avait faim, et c'était tout. Il n'en parlait pas. C'était sa nature » (25).

Par-ci par-là nous trouvons, correspondant à la tournure d'esprit de Hugo, quelques figures rhétoriques : l'*énumération* (« l'ouvrier était capable, habile, intelligent, fort maltraité par l'éducation » (12), ou : – le directeur – un homme bref, tyrannique, obéissant à ses idées », 21), le *paralélisme* (« ils travaillaient dans le même atelier, ils couchaient sous la même clef de voûte, il se promenaient dans le même préau [...] » (33) et surtout l'*antithèse* (« Albin était encore presque un enfant ; Claude était déjà presque un vieillard » (32) ou « Il paraît que ce pauvre ouvrier contenait bien plutôt un orateur qu'un assassin » (62). En 1829 Victor Hugo avait traité le même thème dans un roman plus long et détaillé intitulé *Le Dernier Jour d'un condamné*.[25]

....

25 Henri Guillemin, *Conférence « Victor Hugo »*, Neuchâtel, Musset Neuchâtelois, 2006. Pascal Melka, *Victor Hugo : un combat pour les opprimés. Étude de son évolution politique*, Paris, La Compagnie littéraire, 2008. Didier Sevreau, *Victor Hugo, le dernier jour d'un condamné*, Paris, Hatier, 2003.

Henri Beyle, dit STENDHAL (1783–1842)

Il est né à Grenoble en 1783. Il garde un mauvais souvenir de son enfance : il est révolté contre son père et son précepteur et abhorre la religion et la monarchie. Par contre les auteurs du XVIIIe siècle, en particulier Condillac, Rousseau et Voltaire l'attirent et exercent une influence décisive sur lui.

Avec l'appui d'un parent il s'engage dans une carrière militaire et rejoint l'armée napoléonienne en Italie et, plus tard, en Russie. A partir de 1814 l'Italie est sa patrie d'adoption.

Ses premières publications datent des années 1814/17 : sur Haydn et Mozart, sur la musique et la peinture italiennes et sur des impressions de voyages (*Rome, Naples et Florence*). Sa période principale de création commence dans les années vingt : *De l'Amour* en 1822 et *Racine et Shakespeare* en 1823. Les deux œuvres capitales seront *Le Rouge et le Noir. Chronique du XIXe siècle* (1830) et *La Chartreuse de Parme* (1839). Des récits dramatiques situés en Italie sont réunis plus tard sous le titre de *Chroniques italiennes*.

Stendhal meurt en 1842 d'une attaque d'apoplexie.

Il se caractérise par une grande richesse psychologique, par une observation réaliste et par des analyses rigoureuses. Il unit dans sa personne tendresse et ironie, sensibilité et lucidité intellectuelle. Pour Stendhal « la chasse au bonheur » est le plus important dans la vie.

Henri Beyle, dit STENDHAL (1783–1842)

Vanina Vanini[26]

Extrait

C'était un soir du printemps de 182. Tout Rome était en mouvement : M.
le duc de B***, ce fameux banquier, donnait un bal dans son nouveau
palais de la place de Venise. Tout ce que les arts de l'Italie, tout ce que le
luxe de Paris et de Londres peuvent produire de plus magnifique avait été
réuni pour l'embellissement de ce palais. Le concours était immense. Les
beautés blondes et réservées de la noble Angleterre avaient brigué
l'honneur d'assister à ce bal ; elles arrivaient en foule. Les plus belles
femmes de Rome leur disputaient le prix de la beauté. Une jeune fille que
l'éclat de ses yeux et ses cheveux d'ébène proclamaient Romaine entra
conduite par son père ; tous les regards la suivirent. Un orgueil singulier
éclatait dans chacun de ses mouvements. [...] La princesse Vanina Vanini, cette jeune fille aux cheveux noirs et à l'œil de feu, fut proclamée reine
du bal. [...]Elle parut prendre du plaisir à tourmenter le jeune Livio
Savelli qui semblait fort amoureux. C'était le jeune homme le plus brillant
de Rome, et de plus lui aussi était prince. [...]*

    *Vers minuit une nouvelle se répandit dans le bal, et fit assez d'effet. Un
jeune carbonaro, détenu au fort Saint-Ange, venait de se sauver le soir
même, à l'aide d'un déguisement, et, par un excès d'audace romanesque,
arrivé au dernier corps de garde de la prison, il avait attaqué les soldats
avec un poignard ; mais il avait été blessé lui-même, les sbires le suivaient
dans les rues à la trace de son sang, et on espérait le ravoir.*

....

26 Stendhal, *Chroniques italiennes,* éd. Dominique Fernandez, Paris, Gallimard, 1973
(folio classique), pp. 375–406.

     © Frank & Timme   Verlag für wissenschaftliche Literatur

RÉSUMÉ

C'est l'histoire de la princesse Vanina Vanini et du carbonaro Pietro Missirilli.[27] Elle commence par un bal que donnait un richissime banquier dans son magnifique nouveau palais de la place de Venise à Rome. Tous les regards suivent la princesse Vanina Vanini. Vers minuit on apprend une nouvelle au bal : un jeune carbonaro, détenu au fort Saint-Ange, vient de s'échapper. Blessé il est en train de fuir à travers les rues de Rome.

Le lendemain du bal Vanina remarque que son père se rend dans un appartement situé au troisième étage du palais. Elle voit qu'une fenêtre de cet appartement est ouverte et s'en approche. Quelqu'un, une inconnue se trouve dans un lit et il y a des vêtements ensanglantés. Vanina « était vivement excitée en faveur de cette jeune femme si malheureuse ; elle cherchait à deviner son aventure. » (378) [Tout comme le lecteur !]. Un soir elle rencontre les yeux de l'inconnue qui l'invite à entrer ; ses manières lui semblent pleines de distinction. Après un certain échange de paroles, l'inconnue lui fait un aveu. Elle révèle qu'elle est un homme, un carbonaro, qu'il s'appelle Pietro Missirili, qu'il a 19 ans et est le fils d'un pauvre chirurgien de Saint-Angelo-in-Vado. On a surpris leur *vente* (réunion de carbonari), on l'a arrêté et jeté dans un cachot où il a passé treize mois, jusqu'à ce que « une âme charitable » ait eu l'idée de le sauver (381). Poursuivi par des soldats dans les rues de Rome, blessé de coups de baïonnette, le père de Vanina a fini par le recueillir dans sa voiture...

Vanina vient toutes les nuits coller sa joue contre les vitres de la pièce de Pietro. Elle l'aime, mais elle ne veut ni se l'avouer ni le montrer. Puis elle ose venir le voir. Elle « fut déconcertée de l'amitié noble et

....

27 Le carbonarisme était un mouvement insurrectionnel secret qui luttait pour la liberté et l'unification de l'Italie.

dévouée, mais fort peu tendre, avec laquelle il la reçut. » (383). Missirilli, lui, brûle d'amour, mais songe à sa naissance obscure et à ce qui était possible. Un soir cependant elle lui dit qu'elle l'aime. Et le narrateur d'ajouter : « Bientôt elle n'eut plus rien à refuser. » (384). Ils étaient parfaitement heureux, et quatre mois passèrent ainsi.

Mais guéri, les idées de patrie et de liberté le reprennent. Il veut aller se venger en Romagne. Pour le retenir, Vanina lui offre sa main et une grosse somme d'argent. Il refuse, ce qui étonne l'orgueil de Vanina, mais l'amour a vite le dessus. Elle a l'intention de le rejoindre en Romagne où sa famille possède un château.

Il finit par quitter Rome. Quelque temps après, il est poursuivi par des carabiniers. Il en tue deux avec les pistolets que Vanina lui a donnés. Sa tête est mise à prix.

Il pense retourner à Rome, lorsqu'il entend le signal de réunion des carbonari. Il les rejoint et est même élu leur chef. Il veut désormais consacrer ses pensées au devoir de *délivrer l'Italie des barbares*.

Il apprend que la princesse Vanini est arrivée à son château. Il la voit, elle l'aime comme à Rome et elle lui donne une somme d'argent. Mais elle réalise avec douleur que Missirilli attache plus d'importance à son devoir de carbonaro qu'à son amour. Folle de déception, de jalousie et de colère elle dénonce tout le groupe des insurgés sauf Missirilli. Après avoir appris le fait et ne voulant pas être le seul libre, il se constitue prisonnier lui aussi. Vanina, bourrelée de remords et plongée dans le malheur, se rend à Rome. Elle veut mettre tout en œuvre pour que son amant soit libéré : faire du prince Livio Savelli son agent, faire obtenir son avancement à l'abbé Cari, aumônier du château Saint-Ange où son amant va être enfermé, déguisée en homme se rendre la nuit dans le palais de monsignor Savelli-Catanza, gouverneur de Rome et ministre de la police. Ce dernier – et le pape ! – finissent par promettre que Missirilli serait gracié.

Vanina veut voir son amant à son passage à Città-Castellana. L'abbé Cari a obtenu du geôlier que Missirilli puisse entendre la messe à minuit dans la chapelle de la prison. Missirilli y est glacial envers Vanina. Il lui dit qu'il ne peut lui appartenir et la prie de l'oublier. Il est entièrement rempli de la passion pour la liberté de l'Italie. Vanina est au comble du malheur. Alors elle lui raconte toutes ses démarches depuis qu'il s'est constitué prisonnier.

« Vanina resta anéantie. Elle revint à Rome, et le journal annonce qu'elle vient d'épouser le prince don Livio Savelli. » (406).

COMMENTAIRE

Stendhal (1783–1842) est, à côté de Balzac, l'un des très grands romanciers de la première génération du réalisme français. *Vanina Vanini* fut publié en 1829 dans la *Revue de Paris* et plus tard recueilli dans les *Chroniques italiennes*. En 1830 se croisent réalisme (avec *Le Rouge et le Noir*) et le romantisme (auquel appartient *Vanina Vanini*). Stendhal est donc par ces deux œuvres le représentant des deux mouvements. Comme *Vanina Vanini* a été rédigé en même temps que le grand roman, on peut facilement découvrir certaines ressemblances de thèmes et de motifs dans les deux œuvres.

Il s'agit d'un récit de construction et de facture parfaites. Unité de composition et de développement rectiligne sont ses caractéristiques essentielles, avec, au contraire des grands romans stendhaliens, peu de commentaires et interventions du narrateur ou auteur.

Amour-passion dans les relations privées et aspiration à la liberté de la patrie dans le domaine politique sont les deux thèmes majeurs de cette histoire tragique. Avec plus de précision on peut dire que le mouvement de fond de la nouvelle va de l'amour et du bonheur à l'engagement politique et le malheur.

Comme le résumé ci-dessus le montre, le bonheur et le malheur résultent de l'action et de l'attitude des principaux personnages, de Vanina et de Missirilli. A cela s'ajoute le thème de la différence sociale effacée par l'amour (Vanina est une fille de la haute aristocratie et Missirilli un fils de chirurgien pauvre), de même que le thème de la trahison par passion amoureuse. En outre, nous rencontrons des motifs typiquement romantiques comme le goût du masque et du déguisement, le maniement du pistolet et la prison. Romantique, et idéalisé, est finalement aussi tout le personnage de Vanina par son inégalable beauté, sa grâce, son intelligence, ses sentiments, son orgueil et sa pureté. Elle est en quelque sorte une parente de Mathilde de la Mole de *Le Rouge et le Noir* et de la duchesse Sanseverina de *La Chartreuse de Parme*.

Son mariage avec Livio Savelli à la fin est comme un abandon, une chute ou un suicide.[28]

....

28 Cf. Stendhal, *Les Chroniques italiennes,* éd. Béatrice Didier, Paris, Garnier-Flammarion, 1977. René Andrieu, *Stendhal ou le bal masqué*, Paris, Lattès, 1983. Charles Dédéyan, *Stendhal et les Chroniques italiennes*, Paris, 1950.

 © Frank & Timme   Verlag für wissenschaftliche Literatur

Trop de faveur tue[29]. Histoire de 1589

Extrait

C'est le titre qu'un poète espagnol a donné à cette histoire dont il a fait une tragédie. Je me garde bien d'emprunter aucun des ornements à l'aide desquels l'imagination de cet Espagnol a cherché à embellir cette peinture triste de l'intérieur d'un couvent ; plusieurs de ses inventions augmentent en effet l'intérêt, mais, fidèle à mon désir qui est de faire connaître les hommes simples et passionnés du XVe siècle desquels provient la civilisation actuelle, je donne cette histoire sans ornement et telle qu'avec un peu de faveur, on peut la lire dans les archives de l'Évêché de …, où se trouvaient toutes les pièces originales et le curieux récit du comte Buondelmonte.

Dans une ville de Toscane que je ne nommerai pas, existait en 1589 et existe encore aujourd'hui un couvent sombre et magnifique. Ses murs noirs, hauts de cinquante pieds au moins, attristent tout un quartier ; […] Cette abbaye, à laquelle nous donnons le nom de Sainte Riparata, ne reçoit que des filles appartenant à la plus haute noblesse. Le 20 octobre 1587, toutes les cloches de l'Abbaye étaient en mouvement. […] La sainte sœur Virgilia, maîtresse du nouveau grand-duc de Toscane, Ferdinand Ier avait été nommée abbesse de Sainte Riparata la veille au soir, et l'évêque de la ville, suivi de tout son clergé, allait l'introniser. Toute la ville était en émoi et la foule telle dans les rues voisines de Sainte Riparata qu'il était impossible d'y passer….

---

29 Stendhal, *Chroniques italiennes*, éd. Dominique Fernandez, Paris, Gallimard, 1973 (folio classique), pp. 247–289.

Henri Beyle, dit STENDHAL (1783–1842)

RÉSUMÉ

Au début le lieu et les personnages de base sont présentés. Nous sommes en 1589. Tout se passe dans l'espace clos d'un couvent du nom de Sainte Riparata. Des haines et des rivalités dans le couvent agitent bien des fois la haute société de la ville. Chacune des filles peut employer jusqu'à <u>cinq</u> femmes de chambre (sic !). L'abbesse est la sœur Virginia qui est douce, timide et pas très intelligente. Avant d'être abbesse, elle était la maîtresse de Ferdinand de Médicis, le grand-duc de la Toscane, qui a trente-six ans et est cardinal depuis vingt-cinq ans (sic !). Il est sage, raisonnable et préoccupé du bonheur de ses sujets. Virginia et le duc semblent maintenant entretenir des relations innocentes et vertueuses.

Sœur Félize degli Almeiri, âgée de 20 ans, est l'héroïne de la nouvelle. Sa famille est une des plus riches et puissantes de Florence. Elle est fière, intelligente et belle. Par le fait qu'elle veut avoir <u>huit</u> femmes de chambre, elle scandalise la moitié des religieuses. Le prince-cardinal ne voulant pas trancher et paraître lui-même dans le couvent, il s'adresse au comte Buondelmonte, son ami intime, et le fait directeur du couvent. Ils ont une conversation misogyne et cynique. Le comte doit rétablir l'ordre dans le couvent. Il pose des observateurs autour du couvent. Il apprend ce qui s'y passe : un certain nombre de jeunes religieuses ont des amants en ville ; qu'il y a des amitiés intimes et que – comme on verra par la suite – c'est la cause des haines et des dissensions. Félize est l'amie intime de Rodelinde et leur amants sont Rodéric et Lancelot, Céliane est l'amie de Fabienne et leurs amants sont Lorenzo et Pierre Antoine. Chacune de ces dames a sa caucériste noble qu'elle admet « à plus ou moins de faveur » (256). Martona, la caucériste noble de l'abbesse, a « conquis sa faveur » en se montrant plus dévote qu'elle.

Après un refus au début, Félize vient au parloir voir le comte. Elle lui plaît « superbe de colère » (258). Elle montre « un esprit et surtout une

© Frank & Timme   Verlag für wissenschaftliche Literatur

hauteur de caractère ». Assez vite elle admire le comte qui lui paraît sage et raisonnable – un vrai homme, simple et naturel.

Dans une page (261/62) Félize se plaint des « indignes friponneries » dont les religieuses seraient victimes. Je cite des passages centraux :

« Il peut y avoir des couvents remplis de filles réellement pieuses, qui aiment la retraite et qui aient songé à accomplir réellement les vœux de pauvreté, d'obéissance, etc., etc. qu'on leur a fait faire à dix-sept ans ; quant à nous, nos familles nous ont placées ici, pour laisser toutes les richesses de la maison à nos frères. Nous n'avions d'autre vocation que l'impossibilité de nous enfuir et de vivre ailleurs qu'au couvent, puisque nos pères ne voulaient plus nous recevoir dans leur palais. [...] Nous avons fait ces vœux si évidemment nuls aux yeux de la raison, [...] Nous avons été amenées par force dans ce couvent, on nous a fait jurer et faire des vœux par force à l'âge de seize ans. [...] du temps de la ré-publique on n'eût point souffert cette oppression infâme, exercée sur de pauvres filles qui n'ont eu d'autre tort que naître dans des familles opu-lentes et d'avoir des frères. »

Le comte l'écoute, l'approuve et l'admire. Félize se prend d'amour pour lui. Elle l'avoue à l'abbesse espérant que celle-ci le dirait au comte.

Suit une histoire assez compliquée : Céliane et Fabienne se voyant méprisées par Félize et Rodelinde le disent à l'abbesse, celles-ci devi-nent qui sont les dénonciatrices et ébauchent un plan de vengeance : faire en sorte que leurs rendez-vous nocturnes fassent scandale, que leurs amants blessent Lorenzo et Pierre Antoine à coups d'épée – sans les tuer. Mais ils sont tués contre toute attente! Alors les choses s'accélèrent. Céliane joue maintenant le rôle principal ; elle veut qu'on se taise, qu'on ne dise rien au duc, sinon on se perdrait et que le salut du couvent serait détruit. Avec sa vue criminelle Céliane pense : « la vie de l'abbesse est notre mort », parce qu'elle ne se taira pas. Pour cela elle veut se procurer du poison. L'auteur constate : « Voilà donc la vengeance qui a abouti à un résultat tragique ».

Le comte est étonné lorsque l'abbesse lui conte le double assassinat. Il fait prier Félize de lui accorder un entretien au parloir. « Serait-elle coupable ? » Elle trouve l'art de lui répondre agréablement, mais elle ne lui dit rien de précis.

Le comte pense que ce serait sans doute son devoir de rendre compte au prince-cardinal, mais alors le terrible évêque l'apprendrait et l'inquisition entrerait au couvent. Il n'est pas sûr que Félize ne soit pas coupable et il ne veut mettre en péril la vie d'une « pauvre jeune fille si cruellement traitée par ses parents et par la société » (283). Céliane et Fabienne n'avouent rien non plus. Entretemps Martona a donné la liqueur somnifère à l'abbesse, sa maîtresse, qui est très affaiblie dès le lendemain. Elle avoue au comte qu'elle a tout dit à l'évêque. « En ce cas, nous allons avoir du sang ou des poisons », s'écria celui-ci. (289)

**

Sur ces mots Stendhal abandonna la nouvelle. Elle est donc inachevée. Dans un brouillon on apprend que le comte veut sauver Félize. Elle s'évade. Le comte l'établit à Bologne et il passe le reste de la vie à faire de fréquents voyages de Toscane à Bologne.

COMMENTAIRE

Le titre de cette nouvelle posthume, de 1839, pourrait plus adéquatement être *Mœurs néfastes dans un couvent*. Comme les autres textes des *Chroniques italiennes*, celui-ci fut tiré d'un manuscrit de la Renaissance qui porta le titre *Chronique du couvent de Bajona* et que Stendhal découvrit lors de son séjour en Italie.

Stendhal est connu pour son sens psychologique. Dans cette nouvelle nous trouvons aussi une analyse précise des pensées et sentiments des personnages. Félize degli Almieiri et le comte Buondelmonte sont particulièrement convaincants sous cet aspect. Il est intéressant de voir comment d'une franche animosité au début ils évoluent vers une compréhension et inclination, voire amour.

Un des sommets de l'œuvre est incontestablement la plainte de Félize concernant le manque de liberté de ces jeunes religieuses (pp. 261–262). C'est une sévère accusation des familles et de la société.

Toute une série de monologues et surtout de dialogues (p. ex. p. 254) animent l'ensemble.

Il est regrettable qu'à la fin, dans les deux dernières pages – quand Stendhal a perdu le goût à cette nouvelle qu'il a abandonnée inachevée – le style laisse à désirer.[30]

---

30 René Andrieu, *Stendhal ou le bal masqué,* Paris, Lattès, 1983. Maurice Bardèche, *Stendhal romancier*, Paris, La Table Ronde, 1947. Charles Dédeyan, *Stendhal et les Chroniques italiennes*, Paris, 1950. Stendhal, *Les Chroniques italiennes*, éd. Béatrice Didier, Paris, Garnier-Flammarion, 1977.

Prosper MÉRIMÉE (1803–1870)

Né en 1803 à Paris dans une famille bourgeoise et artiste, Mérimée frappe tôt par sa culture et son esprit brillant. Il fait des études de droit, fréquente les salons et se lie d'amitié avec Stendhal. En 1834 il est nommé Inspecteur Général des Monuments historiques, ce qui le fait parcourir toute la France et voyager aussi en Angleterre, Espagne, Italie, Grèce et dans l'Orient.

Mérimée est un écrivain prolifique. Il pratique différents genres littéraires : le théâtre (*Le Théâtre de Clara Gazul*), la poésie (*La Guzla ou Choix de poésies illyriques*) et le roman historique (*Chronique du règne de Charles IX*).

Ensuite il trouve son vrai talent d'écrivain : entre 1829 et 1840 il rédige et publie avec un succès éclatant un nombre de <u>nouvelles</u>. Il en devient le maître incontesté. *Mateo Falcone*, *La Vénus d'Ille*, *Colomba* et *Carmen* sont devenus les modèles du genre.

Mérimée est un contemporain des romantiques, mais par sa documentation précise, son souci d'objectivité, son impassibilité et son style concis, sobre et simple il se rapproche du réalisme – et même de l'art pour l'art.

Gravement malade et touché par la chute du Second Empire (Napoléon III) Mérimée meurt en 1870.

Mateo Falcone[31]

Extrait

En sortant de Porto-Vecchio et se dirigeant au nord-ouest, vers l'intérieur de l'île, on voit le terrain s'élever assez rapidement, et après trois heures de marche par des sentiers tortueux, obstrués par de gros quartiers de rocs, et quelquefois coupés par des ravins, on se trouve sur le bord d'un maquis très étendus. Le maquis est la patrie des bergers corses et de quiconque s'est brouillé avec la justice. Il faut savoir que le laboureur corse, pour s'épargner le peine de fumer son champ, met le feu à une certaine étendue de bois ; [...]

Si vous avez tué un hommes, allez dans le maquis de Porto-Vecchio, et vous y vivrez en sécurité, avec un bon fusil, de le poudre et des balles ; n'oubliez pas un manteau brun garni d'un capuchon, qui sert de couverture et de matelas. Les bergers vous donnent du lait, du fromage et des châtaignes, et vous n'aurez rien à craindre de la justice ou des parents du mort, si ce n'est quand il vous faudra descendre à la ville pour y renouveler vos munitions.

Mateo Falcone, quand j'étais en Cors en 18.., avait sa maison à une demi-lieue de ce maquis. C'était un homme assez riche pour le pays ; vivant noblement, c'est-à-dire sans rien faire, du produit de ses troupeaux, que des bergers, espèces de nomades, menaient paître çà et là sur les montagnes. Lorsque je le vis deux années après l'événement que je vais raconter, il me parut âgé de cinquante ans tout au plus. Figurez-vous un homme petit mais robuste, avec des cheveux crépus, noirs comme le jais, un nez aquilin, les lèvres minces, les yeux grands et vifs, et un teint couleur de revers de botte...

....

31 Mérimée, *La Vénus d'Ille, Colomba, Mateo Falcone,* éd. Patrick Berthier, Paris, Gallimard, 1999 (Folio classique).

     © Frank & Timme   Verlag für wissenschaftliche Literatur

RÉSUMÉ

L'action, brève et intense, de la nouvelle est située près du maquis non loin de Porto-Vecchio en Corse. Le maquis est un taillis épais et impénétrable. Un homme peut s'y cacher sans craindre d'être arrêté par la police ou des militaires.

Mateo Falcone y vit dans une petite ferme avec sa femme et son fils Fortunato. C'est « un homme petit, mais robuste, avec des cheveux crépus, noirs comme le jais, un nez aquilin, les lèvres minces, les yeux grands et vifs » (25). Il a une bonne réputation et est respecté – et craint de ses ennemis à cause de son extraordinaire habileté au tir au fusil.

Un jour Mateo sort avec sa femme pour aller voir un de ses troupeaux dans le maquis. Fortunato, son fils de dix ans, reste seul à la maison. Il entend tout à coup des coups de fusil qui se rapprochent. Au bout d'un certain temps, paraît un homme blessé qui est poursuivi par des gendarmes. C'est Gianetto, un proscrit, qui demande à Fortunato de le cacher, ce que celui-ci fait après discussion et avoir reçu cinq francs. Il cache Gianetto dans un tas de foin.

Quelques minutes après, six gendarmes se présentent devant la maison de Mateo Falcone. Ils demandent à Fortunato où se trouve Gianetto. Après avoir longtemps répondu avec impertinence ou « fait la bête », Fortunato finit par dévoiler la cachette de Gianetto – en échange d'une montre en argent promise par l'adjudant.

Sur ces entrefaites Mateo et sa femme arrivent et voient que Gianetto se trouve entre les mains des gendarmes. Ceux-ci expliquent à Mateo comment les choses se sont passées. Gianetto, lui, crache sur le seuil de la maison en disant : « Maison d'un traître » (39).

Après le départ des gendarmes et de Gianetto, Mateo regarde Fortunato avec une expression de colère, saisit la montre et la jette contre une pierre et, prenant le chemin du maquis, il demande à Fortunato de le suivre. Et dans un petit ravin il le tue d'un coup de fusil ! (42).

COMMENTAIRE[32]

Mérimée (1803–1870) est connu et apprécié pour être le maître de la nouvelle. Du fait de sa brièveté, sa concentration, son caractère dramatique et sa clarté *Mateo Falcone* peut figurer comme un modèle du genre. Mérimée rédigea cette nouvelle en 1829. Son sous-titre originel, « mœurs de la Corse », convient parfaitement. La couleur locale est fortement marquée : le maquis, le proscrit ou bandit, le sentiment d'union de la famille même éloignée, le machisme, la fierté, l'intransigeance, le maniement des armes et l'honneur (de la famille) comme principe absolu. L'auteur présente avec précision et économie de moyens ce qu'il veut montrer. On peut parler d'un réalisme objectif, sobre, concis – et cru par endroits. Du début à la fin l'action se déroule par séquences qui, sans interruptions ni déviations, vont toutes dans le même sens. La narration est plusieurs fois relayée par des dialogues vivants, p. 28 entre Gianetti et Fortunato, pp. 3–33 entre l'adjudant Gamba et Fortunato, p. 38 entre Mateo et Gamba et p. 42 entre Mateo et son fils Fortunato.

La fin est bien une tragédie. Par Mateo Falcone elle serait vue comme la punition d'un coupable qui a commis une trahison, par le lecteur (surtout le lecteur actuel) au contraire elle est ressentie comme un acte brutal, cruel, farouche et presque insupportable.

....

32 Maria Koslo, *Le Thème de Mateo Falcone*, Paris, Nizet, 1960 ; E. V. Telle, « Le prototype de Mateo Falcone », Studi Francesi 15, 1971, pp. 84–85 ; Raitt, Alan William, *Prosper Mérimée*, London, 1970.

© Frank & Timme   Verlag für wissenschaftliche Literatur

La Vénus d'Ille[33]

Extrait

Je descendais le dernier coteau du Canigou, et, bien que le soleil fût déjà couché, je distinguai dans la plaine les maisons de la petite ville d'Ille, vers laquelle je me dirigeais.

— Vous savez, dis-je au Catalan qui me servais de guide depuis la veille, vous savez sans doute où demeure Monsieur de Peyrehorade ?

— Si je le sais ! s'écria-t-il, je connais sa maison comme la mienne ; et s'il ne faisait pas si noir, je vous la montrerais. C'est la plus belle d'Ille. Il a de l'argent, oui, Monsieur de Peyrehorade ; et il marie son fils à plus riche que lui encore.

— Et ce mariage se fera-t-il bientôt ? lui demandai-je.

— Bientôt ! il se peut que déjà les violons soient commandés pour la noce. Ce soir, peut-être, demain, après-demain, que sais-je ! C'est à Puygarrig que ça se fera ; car c'est mademoiselle de Puygarrig que monsieur le fils épouse. Ce sera beau, oui, !

— J'étais recommandé à Monsieur de Peyrehorade par mon ami M. P. C'était, m'avait-il dit, un antiquaire fort instruit et d'une complaisance à toute épreuve. Il se ferait un plaisir de montrer toutes les ruines à dix lieues à la ronde. Or, je comptais sur lui pour visiter les environs d'Ille.

RÉSUMÉ

Il s'agit d'une nouvelle fantastique dans le genre de E.T.A. Hoffmann qui se situe à Ille-sur-Têt dans le Roussillon. Venant du Canigou, le narrateur se rend chez M. de Peyrehorade, un archéologue amateur. Celui-ci lui montre une statue de cuivre qui représente une Vénus qu'on

....

33 Mérimée, *La Vénus d'Ille, Colomba, Mateo Falcone*, éd. Patrick Berthier, Paris, Gallimard, 1999 (Folio classique).

vient de découvrir dans sa propriété. En essayant de la déterrer, elle est tombée et a cassé la jambe d'un ouvrier. Et un soir le narrateur voit deux polissons qui regardent la statue et l'un d'eux lui dit : » Si tu étais à moi, je te casserais le cou. « (53). Il prend une pierre et la lance contre la statue, mais la pierre rebondit et blesse le lanceur à sa tête.

Il y a l'inscription suivante sur la belle Vénus : *cave amantem,* ce qui signifie : »Prends garde à toi si elle t'aime. « Le narrateur est émerveillé par la statue, il trouve : »Quoi qu'il en soit, il est impossible de voir quelque chose de plus parfait que le corps de cette Vénus ; rien de plus suave et de plus noble que sa draperie, [...] j'observais avec surprise l'intention marquée de l'artiste de rendre la malice arrivant jusqu'à la méchanceté [...]. Dédain, ironie, cruauté se lisaient sur ce visage d'une incroyable beauté cependant. « (63–64).

Mr. Alphonse, le fils Peyrehorade, un excellent joueur de paume, doit se marier le surlendemain. Ce sera une noce de province à laquelle le narrateur est aussi invité. Pour Mr. Alphonse il s'agira d'un mariage de convention. Ce qui l'intéresse c'est l'argent de sa riche fiancée, que le narrateur trouve belle et séduisante. « J'admirais le naturel parfait dans toutes ses réponses, et son air de bonté, qui n'était pas exempt d'une légère teinte de malice, me rappela, malgré moi, la Vénus de mon hôte. » (74).

Madame Peyrehorade a peur du mariage un vendredi – le jour de Vénus – alors que son mari, en admirateur de l'Antiquité, sacrifie deux palombes et prépare une couronne de lys et de roses en son honneur ! Mr. Alphonse, déjà habillé pour la cérémonie, se change pour jouer un match de paume contre une équipe espagnole. Puisque sa bague de diamant le gêne, il la met au doigt de la Vénus. Et il l'y oublie en se rendant au lieu du mariage où il présente alors un anneau qu'une modiste de Paris lui avait donné comme gage d'amour.

Le soir, les mariés et le narrateur ne participent pas au repas de la fête, Alphonse est pâle, sérieux, voire effaré et il boit beaucoup d'alcool. Il n'a pas réussi à ôter la bague de diamants de la main de la Vénus. Elle a plié son doigt1 Plus tard, dans la nuit on entend des pas lourds dans l'escalier, des cris confus et des lamentations. On trouve Alphonse mort dans son lit, il est déjà froid et il a comme un cercle de fer autour de son corps. La bague de diamants se trouve par terre ! La recherche d'un ou de plusieurs meurtriers demeure vaine.

Mr. Peyrehorade meurt aussi quelques mois plus tard. Mme Peyrehorade a fait fondre la statue et en a fait faire une cloche, mais depuis qu'il y a cette cloche, les vignes ont gelé deux fois…

COMMENTAIRE

Dans cette nouvelle fantastique il s'agit de la revitalisation du mythe romain de Vénus – et ceci dans un milieu bourgeois au XIXe siècle dans une province française du Sud.

La légende d'une statue vengeresse était connue depuis longtemps. L'inscription qui figure sur le socle de la statue en question (*cave amantem*, prend garde à toi si elle t'aime) donne la clef de l'histoire. Son sens réside dans un impératif : on ne plaisante pas avec l'amour, il faut respecter l'amour sous peine d'être puni. Cette inscription contient une prophétie, elle annonce ce qui passera par la suite…

Nous assistons à un récit limpide, clair et net, avec beaucoup de dialogues bien vivants. Aucune complication. La structuration temporelle est simple et toute droite (« le soir », « à midi », « la nuit », « le lendemain », etc.). L'œuvre est cohérente du début à la fin.

Au début dominent les détails réalistes : l'arrivée du narrateur à Ille, la connaissance de Mr. Peyrehorade, l'entretien sur la découverte de la statue et des discussions politiques. Ensuite avec la fracture de la jambe de Jean Goll et la pierre qui rebondit et blesse un jeune homme, a lieu une intrusion lente du surnaturel et de l'irrationnel. Peu à peu se manifeste le caractère diabolique de la Vénus. Mais sans aucune surcharge, le surnaturel demeurant toujours en équilibre avec la raison. Le personnage principal est bien sûr la Vénus qui est un vestige du temps des Romains. Elle est ambivalente, elle est belle, attrayante et fascinante et en même temps effrayante et dangereuse. Le narrateur observe « avec surprise l'intention marquée de l'artiste de rendre la malice arrivant jusqu'à la méchanceté » (64). « Ce qui frappe surtout c'est ses yeux incrustés d'argent et très brillants… », « ses yeux brillants produisaient une certaine illusion qui rappelait la réalité, la vie »… « elle faisait baisser les yeux à ceux qui la regardaient. » (65).

Les autres personnages ? – Le narrateur, un archéologue parisien, est un témoin des faits. Il doit garantir la véracité de l'histoire. Il maintient une certaine distance par rapport aux autres personnes et par rapport à ce qui se passe. Mais à la fin il est quand même aussi gagné par le doute.

Monsieur Peyrehorade, le propriétaire de la Vénus, est un érudit amateur un peu pédant, mais aimable, généreux et cordial. Son fils, Alphonse de Peyrehorade, est un sportsman, il est grand, élégant et musclé. Il ne brille pas par ses sentiments. Il est plutôt superficiel. Ce qui l'intéresse dans le mariage avec Mlle. Puygarrig, une jeune fille noble, belle et intelligente, c'est son héritage.

Il s'agit d'une petite œuvre d'art parfaite. Mérimée l'a lui-même appelée son chef-d'œuvre.[34]

....

34 Catherine Velay-Vallantin, *L'histoire des contes*, Paris, Fayard, 1992. Jacques Chabot, *L'autre moi, fantasmes et fantastique*, Aix-en Provence, Disud, 1983. Ausonia Fonyi, éd., *Prosper Mérimée*, Caen, Lettres Modernes, 2010. Arrrous Michel, éd., *Mérimée et les écrivains romantiques*, (Colloque 2007), Paris, INHA Sorbonne, 2016.

Jules BARBEY D'AUREVILLY (1808–1889)

Il est né en 1808 d'une famille normande. Il a glorifié la Normandie à cause des révoltes antirépublicaines des Chouans. Il a reçu une bonne éducation bourgeoise, mais a toujours prétendu être un aristocrate. Après le collège il a étudié le Droit à Caen et s'est installé ensuite à Paris. Il a été le type du dandy excentrique [sur le dandysme il a écrit tout un livre : *Du dandysme et de Georges Brummel* (1845)] Et du point de vue idéologique il était un monarchiste/légitimiste convaincu et un fervent catholique. Il a été un assez sombre romancier et nouvelliste, un poète, un critique littéraire et journaliste conservateur et polémiste – polémiquant contre la modernité, le positivisme, le scientisme et ses contemporains en général. Dans sa jeunesse il a été sous l'influence du romantisme et, en ce qui concerne le roman, de Balzac (*Une vieille maîtresse*). Dans *L'Ensorcelée* il décrit les mœurs et superstitions de la Vendée et dans *Le chevalier des Touches* des aventures héroïques de Chouans. Mais ce qui est le plus connu et apprécié sont les *Diaboliques* (de 1874), un ensemble de six nouvelles (cf. ci-dessous).

La prose de Barbey d'Aurevilly se distingue par une richesse verbale, par des images fortes et de nombreuses métaphores.

Jules BARBEY D'AUREVILLY (1808–1889)

Le Rideau cramoisi[35]

Extrait

Il y a terriblement d'années, je m'en allais chasser le gibier d'eau dans les marais de l'Ouest, – et comme il n'y avait pas alors de chemin de fer dans le pays où il me fallait voyager, je prenais la diligence de *** qui passait à la patte d'oie du château de Rueil et qui, pour le moment, n'avait dans son coupé qu'une seule personne. Cette personne, très remarquable à tous égards, et que je connaissais pour l'avoir beaucoup rencontrée dans le monde, était un homme que je vous demanderai la permission d'appeler le vicomte de Brassard. [...] Il était à cet instant de l'existence où l'on ne fait plus guère claquer le sien... Mais c'est un de ces tempéraments dignes d'être Anglais (il a été élevé en Angleterre), qui blessé à mort, n'en conviendraient jamais et mourraient en soutenant qu'ils vivent. [...] Le vicomte de Brassard était à la minute où je montais dans la diligence de ***, ce que le monde, féroce comme une jeune femme, appelle malhonnêtement « un vieux beau ». [...] Je n'ai pu voir une fenêtre dans une ville couchée, par laquelle je passais, sans accrocher à ce cadre de lumière un mode de pensées, – sans imaginer derrière ces rideaux des intimités et des drames... [...] Qu'y avait-il donc derrière ces rideaux ? Eh bien ! Une de celles qui me sont restées le plus dans la mémoire [...] est une fenêtre d'une des rues de la ville de ***, par laquelle nous passions cette nuit-là. C'était à trois maisons au-dessus de l'hôtel devant lequel nous relayions ; [...] La façade de l'hôtel était noire comme les autres maisons de la ville. [...] La maison, dans laquelle on ne pouvait pas dire que cette lumière brillait, car elle était tamisée par un double rideau cramoisi, [...].

....

35 Jules Barbey d'Aurevilly, *Les Diaboliques*, éd. Jean-Pierre Seguin, Paris, Garnier-Flammarion, 1967, pp. 45–95.

© Frank & Timme   Verlag für wissenschaftliche Literatur

RÉSUMÉ

Comme il a tendance plus d'une fois dans ses nouvelles, Barbey fait précéder une bien longue introduction à l'essentiel de l'histoire en question. Un « je » fictif domine le texte. Celui-ci a voyagé dans une diligence en compagnie du vicomte de Brassard, dont il a fait la connaissance dans le monde. Il en fait le portrait, voulant « faire bien comprendre le genre d'homme qu'il était, dans l'intérêt de l'histoire qui va suivre » (p. 51).

L'histoire qui le concerne date d'il y a trente-cinq ans. Il a maintenant un certain âge. Il est un « vieux beau » et « un magnifique dandy » (p. 46). Il a un front bombé, sans rides, des yeux étincelants, d'un bleu sombre, et qui sont pénétrants. Il est riche de sa fortune personnelle. Son esprit, ses manières, sa physionomie impressionnent. Nous apprenons comment il s'est comporté au cours des différents règnes de la première moitié du XIXe siècle (Empire, Restauration, Monarchie de Juillet). Il était dès sa jeunesse un brillant officier, mais il méprisait la discipline. Ses soldats, eux, l'adoraient.

Le « je » ne s'attendait pas à le rencontrer quand il montait dans la diligence. Il y a longtemps qu'ils ne s'étaient pas revus. Ils se sont mis à causer de différentes choses. Arrivés à une petite ville un accident eut lieu : une des roues de la voiture étant défectueuse, et il fallut envoyer chercher le charron. L'hôtel devant lequel ils étaient arrêtés était fermé. La façade de l'hôtel était noire ; il n'avait de lumière qu'à une seule fenêtre et cette lumière « était tamisée par un double rideau cramoisi » (55). Le vicomte reconnaît ce rideau. Il correspond à la chambre de sa garnison il y a trente-cinq ans. Il sortait de l'École militaire et n'avait que dix-sept ans, lorsqu'il y vécut une histoire qui marqua le reste de sa vie – une histoire qu'il va maintenant raconter...

En 1813 le vicomte de Brassard est stationné comme sous-lieutenant dans cette même ville de province où il y a la fenêtre au rideau cramoisi.

Il est logé chez un vieux couple bourgeois où il prend les repas. Il y est depuis un certain temps lorsque se présente Alberte, leur fille, qui sort de pension et qui va désormais vivre avec eux. Elle regarde Brassard avec des yeux noirs, très froids et d'une façon impassible. Il y a entre eux la plus froide politesse et la plus complète indifférence. Mais un soir, lorsqu'elle est assise à côté de lui, il sent tout d'un coup qu'elle prend sa main sous la table ! Il en est vivement touché. Il sait que ce qu'elle éprouve pour lui n'est pas de l'amour. Les jours suivants elle est de nouveau aussi calme et indifférente qu'auparavant ; le couvert a même changé de place et elle est placée entre son père et sa mère. Cela se passe ainsi pendant assez longtemps. Brossard est violemment exaspéré. Peu à peu son agacement devient de la haine. Il se replie dans sa chambre au rideau cramoisi. Quatre têtes de sphinx ornent les quatre coins de son lit, où il y a, dans le noir du coin, un vieux buste de Niobé.[36]

Au bout d'un mois Alberte surprend le jeune vicomte tout à coup une nuit dans sa chambre. Elle a traversé tout doucement la chambre de ses parents. Il s'élance, la prend dans ses bras, l'embrasse et la porte sur son canapé. Elle le presse à l'étouffer. Ses traits sont toujours immobiles et fermes. Et à partir de cette nuit elle vient le retrouver « de deux nuits en deux nuits » (83). Elle reste toujours silencieuse comme un sphinx et ne lui répond que par de longues étreintes. Il ne comprend jamais ce qu'elle éprouve pour lui et ce qu'il éprouve pour elle. Et cela dure ainsi six mois.

Mais le dénouement est dramatique. Une nuit elle meurt soudain entre es bras. Il en est épouvanté. Toutes ses tentatives de la ramener à la vie sont vaines. Que faire ? Il finit par aller trouver son colonel, un homme de confiance, et lui dit tout. Celui-ci lui demande de quitter la ville immédiatement et lui fait transmettre l'ordre d'un changement de garnison.

....

36 Niobé est la fille de Tantale et l'épouse du roi de Thèbes.

© Frank & Timme   Verlag für wissenschaftliche Literatur

COMMENTAIRE

L'Introduction au début qui contient le portrait du vicomte de Brassard se distingue par sa longueur et sa lenteur, par un vocabulaire riche et détaillé et un bon nombre de contrastes. De longues phrases – quinze lignes ne sont pas rares –, de même que des sortes de digressions d'égale extension contribuent à cette impression de lenteur. Voyons par exemple quelques digressions : p. 46 : « On a dans le monde, et même dans les livres, l'habitude de se moquer des prétentions à la jeunesse de ceux qui ont dépassé cet âge heureux de l'inexpérience, et on a raison, quand la forme de ces prétentions est ridicule. » (+ 10 lignes), ou p. 52 : »Un des avantages de la causerie en voiture, c'est qu'elle peut cesser quand on n'a plus rien à se dire, et cela sans embarras pour personne. Dans un salon on n'a point cette liberté. » (+ 13 lignes), ou p. 53 : « A présent, les chemins de fer, à l'entrée des villes, ne permettent plus au voyageur d'embrasser, en un rapide coup d'œil, le panorama fuyant de leurs rues, au galop des chevaux d'une diligence qui va, tout à l'heure, relayer pour repartir. » (+ 30 lignes !).

Dans l'histoire principale il y a aussi des digressions, mais d'un autre ordre et plus étroitement liées à l'action en cours. Le compagnon de voyage interrompt la narration sérieuse de Brassard et ajoute des intrigues supplémentaires qui sont plutôt des comédies ou des farces. Lorsque Brassard écrit un billet et le fait parvenir à Alberte qui le fait plonger dans son corsage, le moi du compagnon du voyage se met à ajouter la petite histoire d'un jeune homme qui, à l'Opéra, remet secrètement un billet à une jeune femme qui joue le jeu et rend son mari cocu (pp. 73–74). Ou lorsqu'Alberte rejoint Brassard la nuit en traversant la pièce de ses parents, le compagnon évoque la situation de la jeunes fille qui fait coucher son amant sur le tapis de la chambre de sa grand'mère, qui, à un soupir de la fille, crie : »Qu'as-tu donc, petite ? »

Et celle-ci de répondre avec présence d'esprit : »C'est mon busc qui me *gêne* pour chercher mon aiguille tombée sur le tapis [...] ».[37]

L'élément le plus important de cette histoire est cependant l'étrangeté et le mystère. Alberte est un personnage énigmatique. Elle est impassible et inaccessible. Elle échappe à toute définition. Elle ne parle pratiquement pas (ses parents d'ailleurs non plus) et est toujours silencieuse. Quand Brassard lui pose des questions, elle le serre dans les bras et ‹ répond › par des étreintes. Jusqu'à sa mort demeure inexplicable et mystérieuse. Quand le couvert a été changé et Alberte placée entre son père et sa mère, Brassard dit : »Il y avait vingt-cinq points d'interrogation dans mes yeux, mais les siens étaient aussi calmes, aussi muets, aussi indifférents qu'à l'ordinaire. » (p. 75). Et après des mois de relations intimes, le personnage fictif de Brassard est lui-même perplexe : » Alberte ne m'aimait peut-être pas [...]. Je n'ai jamais bien compris ce que j'avais pour elle et ce qu'elle avait pour moi [...]. (p. 85)

Les figures mythologiques de Niobé et des sphinx soulignent cette atmosphère mystérieuse.

N. B. : Le titre de la nouvelle, *Le Rideau cramoisi*, suggère plein de symbolismes – difficiles à déchiffrer (du sang ? de la violence ? la vie intense ? le destin ?). Dans la dernière phrase de la nouvelle, Brossard parle lui-même de « la mystérieuse fenêtre que je vois toujours dans mes rêves, avec son rideau cramoisi. » (p. 95). Le compagnon de voyage dit que « l'ignorance de ce qui fait veiller derrière une fenêtre aux rideaux baissés, où la lumière indique la vie et la pensée, ajoute la poésie du rêve à la poésie de la réalité. Je n'ai jamais pu voir une fenêtre [...] sans imaginer derrière ses rideaux des intimités et des drames. » (p. 54). Dans le cas présent c'est le théâtre de l'histoire que nous connaissons.

....

37 Busc = l'élément rigide placé au centre devant d'un corset.

     © Frank & Timme   Verlag für wissenschaftliche Literatur

La Vengeance d'une femme[38]

Extrait

*Vers la fin du règne de Louis-Philippe, un jeune homme enfilait, un soir,
la rue Basse-du-Rempart qui, dans ce temps-là méritait bien son nom de
la Rue Basse, car elle était moins élevée que le sol du boulevard, et formait
une excavation toujours mal éclairée et noire, dans laquelle on descendait
du boulevard par deux escaliers qui se tournaient le dos, si on peut dire
cela de deux escaliers. Cette excavation, qui n'existe plus et qui se prolon-
geait de la rue de la Chaussée-d'Antin à la rue Caumartain, devant laquelle le terrain reprenait son niveau ; cette espèce de ravin sombre, où
l'on se risquait à peine le jour, était fort mal hantée quand venait la nuit.
Le Diable est le Prince des ténèbres. […] Le jeune homme en question, et
très bien mis du reste, qui venait de prendre ce chemin, lequel ne devait
pas être pour lui le droit chemin de la vertu, ne l'avait pris que parce qu'il
suivait une femme qui s'était enfoncée, sans hésitation et sans embarras,
dans la suspecte noirceur de ce passage. C'était un élégant que ce jeune
homme, – un gant jaune, comme un disait des élégants de ce temps-là. Il
avait dîné longuement au café de Paris, et était venu, tout en mâchonnant
son cure-dents, se placer contre la balustrade à mi-corps de Tortoni, et
guigner de là les femmes qui passaient le long du boulevard…*

RÉSUMÉ

La nouvelle commence par trois pages sur le thème de la soi-disant
hardiesse de la littérature moderne. Pour l'auteur la littérature n'est pas
l'expression de la société. Elle n'exprime pas la moitié des crimes qui se
commettent. Il pense que les crimes de la civilisation moderne sont

....

38 Jules Barbey d'Aurevilly, *Les Diabolques*, éd. Jean-Pierre Seguin, Paris, Garnier-
Flammarion, 1967, pp. 279–317.

« certainement plus atroces que ceux de l'extrême barbarie par le fait de leur raffinement, de la corruption qu'ils supposent, et de leur degré supérieur d'intellectualité. » (281). Pour l'écrivain il y a tout un genre de tragique à tirer de ces crimes plus intellectuels que physiques. Le sang n'y coule pas et le massacre s'y fait dans le domaine des sentiments et des mœurs. De ce genre de tragique l'auteur veut ici donner un échantillon en racontant une histoire de vengeance.

Il s'agit d'une vengeance épouvantable. – Un soir vers 1850 un jeune homme élégant du nom de Robert de Tressignies suivait une belle femme dans un quartier mal hanté de Paris. Sa mise trop voyante indique qu'elle est une courtisane. Il entre avec elle dans une maison sale au fond d'une allée ignoble. Elle l'invite à monter dans sa chambre avec elle. Là, il la prend sur ses genoux et la regarde : c'est une splendide Espagnole, ravissante, fière et sérieuse. Dans une attitude impudique elle se déshabille et vient impétueusement à lui. Il est foudroyé par sa beauté – et oublie tout. Mais tout d'un coup, en pleine étreinte, il est pris d'un doute ! Ce n'est pas lui qu'elle aime ! Elle regarde avec insistance le portrait d'un homme sur un bracelet qu'elle porte à son bras. Il est laid, chétif, sombre, le teint olive, les yeux noirs et a une expression de noblesse. Elle dit à Tressignies que c'est son mari – qu'elle exècre, et qu'elle est la duchesse d'Arcor de Sierra Leone. « A présent, dit-elle, je ne suis plus que dans l'ivresse de la vengeance » (297). Tressignies est frappé de stupeur. Elle n'est donc plus une courtisane, mais une duchesse – « mais dans quel état ! souillée, abîmée, perdue [...], immonde et dégoûtante » (296).

Ici a lieu un tournant. A partir d'ici elle raconte sa vie et comment elle est arrivée à ce désir hors norme de vengeance. Son mari, Don Christoval d'Arcor de Sierra-Leone est un grand seigneur espagnol. Elle est issue d'une lignée de nobles italiens. Ils étaient mariés selon les mœurs du passé : il n'y avait pas d'amour. Ils vivaient dans un château féodal et menaient une vie triste et ennuyeuse. Elle fait la connaissance et tombe amoureuse de Don Esteban, un cousin du duc. Voyant le danger elle demande au duc sous quelque prétexte de le congédier, mais celui-ci répond simplement : »Il n'oserait ! »(300). Ce mot la jette dans les bras de Don Esteban. Elle lui déclare son amour « à la fois brûlant et chaste, un amour chevaleresque, romanesque, presque idéal, presque mystique. » (301). Ils vivent un bonheur immense. (Le contraire de l'abîme d'horreur où elle vit maintenant).

Ils ne remarquent pas que Don Christoval est jaloux et qu'il est blessé dans son honneur. Il entre dans la pièce avec deux énormes chiens et deux Noirs qui étranglent et décapitent Don Esteban. La conséquence est que la duchesse est prise de rage et de haine et ne pense qu'à la vengeance. Elle veut atteindre le duc dans son déshonneur. Pour cela elle prend la fuite et se rend à Paris pour y mener sa vie de fille publique, pensant qu'il l'apprendra un jour.

Deux ans après, Tressignies passe une soirée chez l'ambassadeur d'Espagne. Il lui demande s'il y toujours les Sierre-Leone à Madrid. Celui-ci l'informe que la duchesse vient de mourir à Paris après une horrible maladie et qu'elle a été enterrée le matin même à l'église de la Salpêtrerie. Dans le chœur se trouvait un resplendissant catafalque avec l'inscription de son nom – et son activité ![39]

COMMENTAIRE

La nouvelle présente la division suivante : 0. Au début il y a une sorte de préface sur la hardiesse de la littérature (p. 279–282) ; 1. Puis suit une première grande partie sur le contact entre Tressignies et une fille publique/la duchesse (et une scène érotique) (p. 282–293) ; 2. La deuxième grande partie est consacrée au récit de la duchesse de sa vie

....

39 *La Salpêtrerie fut fondée en 1656 par Louis XIV pour des pauvres.*

(p. 293–311) ; 3. Et la partie finale raconte le départ de Tressignies et la mort de la duchesse de Sierra-Leone.

Il y a peu de personnages comme c'est la coutume pour une nouvelle. Au centre se situe bien sûr la duchesse (nous n'apprenons pas son prénom), une femme belle et fière – et d'une sombre férocité ! Depuis que son mari, le duc a fait tuer Esteban elle ne pense qu'à une chose : la vengeance. Le duc, lui, est autoritaire, dur – et brutal au besoin. Comme bon noble Espagnol il tient surtout à son honneur et à sa réputation. Son cousin et amant de la duchesse, Don Esteban de Vasconcellos, est tout amour. Et Robert de Tressignies demeure à l'extérieur du drame. Au début il est le client de la courtisane et après son témoin et confident.

Au début l'auteur procède avec une grande précision. Le quartier parisien où a lieu la première rencontre, la rue Basse-du-Rempart qui est fort mal hantée quand vient la nuit, la maison où ils se rendent et la robe de satin safran et le châle turc de la courtisane sont décrits avec soin.

La forme de base de la présentation est bien sûr la narration. Au début nous avons le narrateur fictif qui raconte le premier contact de Tressignies, ensuite la narration à la première personne de la duchesse, et puis, formant un cadre, le récit de la mort de celle-ci. Respectant le principe de la variation, nous trouvons, à des moments importants, une série de dialogues, par exemple quand il est question du portrait du duc (p. 293), quand la duchesse parle de sa vengeance (p. 305–306), quand Tressignies prend congé (p. 311–312) ou, à la fin, chez l'ambassadeur d'Espagne (p. 314–316).

Une autre forme de base est représentée par le contraste, contraste entre une prostituée et une duchesse de haute noblesse, l'amour brûlant et chaste et la haine, le bonheur et le désespoir, la vie et la mort. L'extrême est souvent présent.

Dramatique – voire atroce et insupportable – est le meurtre de Don Esteban, et tout à fait tragique la mort à la Salpêtrerie de la duchesse.

Pour terminer il faut ajouter que Barbey d'Aurevilly est très érudit. Il connait bien *l'Histoire* et mentionne dans cette nouvelle le duc de Guise, Henri III, Ignace de Loyola, Charles Quint, François Ier, Néron, etc., en *littérature* Shakespeare, Corneille, Mme de Staël, Musset et Byron, concernant *la peinture* Le Tintoret, Vernet, Véronèse et Gavarni et la *mythologie* avec Holopherne, Niobé, Messaline, Gorgone, etc.[40]

....

40 Philippe Berthier, éd., Barbey d'Aurevilly cent ans après, Colloque International, Genève, Droz, 1989 ; Id. *Barbey d'Aurevilly et la modernité,* Paris, Champion, 2014 ; Catherine Boschian Campaner, Barbey d'Aurevilly, Paris, Ségnier 1989; Michel Lecureur, *Jules Barbey d'Aurevilly*, Paris, Fayard, 2008 ; Jean Canu, *Jules Barbey d'Aurevilly,* Paris, Laffont, 1945.

Théophile GAUTIER (1811–1872)

Gautier est né à Tarbes, au pied des Pyrénées et a grandi à Paris. Au Collège de Charlemagne il a fait la connaissance de Nerval.

Gautier est un artiste à l'intérêt et aux talents multiples. Avant de se décider pour la littérature il veut devenir peintre ; mais puis la poésie l'emporte.

Dans sa jeunesse il est un fougueux défenseur du romantisme. En 1829 il se joint au *Cénacle,* le cercle littéraire de Victor Hugo. Avec son célèbre *gilet rouge* il prend part à la bataille d'*Hernani.*

Concernant le fantastique il se met sous l'influence de E.T.A. Hoffmann. Il rédige des nouvelles comme *La cafetière* (1831) et *La Morte amoureuse* (1836).

Son premier succès est le roman épistolier intitulé *Mademoiselle Maupin* (1835) qui sera suivi du *Roman de la momie* (1858) et du *Capitaine Fracasse* (1861).

Mais le nom de Gautier évoque avant tout le domaine de la poésie. Il s'éloigne assez vite de l'inspiration romantique avec ses épanchements lyriques et refuse l'utilité. Par sa conception de *l'art pour l'art* il devient le fondateur du Parnasse. Les ingrédients de cette conception sont le culte de la Beauté, voire la religion de l'Art, et la recherche de la perfection et de la pureté de la forme. Dans *Emaux et camées* (de 1852), son œuvre principale, Gautier a tenté de réaliser son idéal.

La Morte amoureuse[41]

Extrait

Vous me demandez, frère, si j'ai aimé ; oui. C'est une histoire singulière et terrible, et, quoique j'aie soixante-six ans, j'ose à peine remuer la cendre de ce souvenir. Je ne veux rien vous refuser, mais je ne ferais pas à une âme moins éprouvée un pareil récit. Ce sont des événements si étranges, que je ne puis croire qu'ils me soient arrivés. J'ai été pendant plus de trois ans le jouet d'une illusion singulière et diabolique. Moi, pauvre prêtre de campagne, j'ai mené en rêve toutes les nuits (Dieu veuille que ce soit un rêve) une vie de damné, une vie de mondain et de Sardanapale. Un seul regard trop plein de complaisance jeté sur une femme pensa causer la perte de mon âme ; mais enfin, avec l'aide de Dieu et de mon saint patron, je suis parvenu à chasser l'esprit malin qui s'était emparé de moi. Mon existence s'était compliquée d'une existence nocturne entièrement différente. Le jour, j'étais un prêtre du Seigneur, chaste, occupé de la prière et de saintes choses ; la nuit, dès que j'avais fermé les yeux, je devenais un jeune seigneur, fin connaisseur en femmes, en chiens et en chevaux, jouant aux dés, buvant et blasphémant, et lorsqu'au lever de l'aube je me réveillais, il me semblait au contraire que je m'endormais et que je rêvais que j'étais prêtre.

RÉSUMÉ

Nous voici confrontés à une nouvelle fantastique. Romuald, un vieux prêtre, raconte à un autre ecclésiastique les événements étranges qui lui sont arrivés dans sa jeunesse à partir de son ordination. Il parle d'une « illusion singulière et diabolique. » (77).

....

41 Théophile Gautier, *La Morte amoureuse et autres récits fantastiques,* éd. Jean Gaudon, Paris, Gallimard, 1981.

© Frank & Timme Verlag für wissenschaftliche Literatur

Le fait est que le jour il était un prêtre de campagne, chaste et occupé des choses de la religion. Mais la nuit, dès qu'il avait fermé les yeux, sa vie se compliquait d'une existence tout à fait différente : il était un jeune seigneur, connaisseur en femmes, en chiens et en chevaux. Et lorsqu'il se réveillait, il lui semblait qu'il s'endormait et qu'il rêvait d'être prêtre !

A de son ordination il était ravi d'embrasser ce nouvel état. Il était d'une innocence parfaite. « Il savait vaguement qu'il y avait quelque chose que l'on appelait femme. » (79). Or, pendant la cérémonie il leva par hasard la tête et vit une jeune femme d'une beauté rare. C'était comme une révélation étincelante. Il était fasciné et en même temps angoissé étant donné qu'il assistait à son ordination. La belle jeune femme – qui était en réalité morte – voulait le charmer et l'empêcher d'appartenir à Dieu. Quant à lui, il voulait crier qu'il ne voulait plus être prêtre, mis cela lui était impossible : il était sans volonté.

Il apprend qu'elle s'appelle Clarimonde et qu'elle habite au palais Concini. Il pense qu'elle est une grande dame ou une courtisane. Un seul regard a suffi pour qu'elle s'empare de lui. Comment faire pour la revoir ? Il est amoureux d'hier et sans expérience. Il cherche vainement un moyen de la rejoindre, et finalement est désespéré : « une haine et une jalousie effroyable dans le cœur. » (87).

Alors se présente un certain abbé Sérapion qui lui recommande expressément de prendre garde au diable et lui apprend sa nomination à une cure dans une ville à trois jours de route. Arrivé dans ce nouveau lieu, la pensée de Clarimonde recommence bientôt à l'obséder. Il est de plus en plus convaincu que sa vie est troublée à tout jamais.

Une nuit un homme au teint cuivré sonne à sa porte. Il dit que sa maîtresse, une très grande dame est en train de mourir et désire voir un prêtre. Il l'amène à travers un mystérieux paysage dans un château où la belle Clarimonde se trouve sans vie dans une salle funèbre. L'abbé Romuald ne peut pas croire qu'elle est morte. Il finit par déposer un baiser

sur ses lèvres, ce qui fait qu'elle se réveille, qu'elle passe ses bras derrière son cou et annonce sa venue chez lui.

C'était un rêve. Romuald revient à la réalité en apprenant qu'il a
dormi pendant trois jours.

Peu de temps après, une autre nuit, il fait un autre rêve. Comme an-
noncée, Clarimonde vient effectivement. Elle a comme vêtement le
suaire de lin de l'autre jour. Elle dit revenir de la mort. Il n'éprouve
aucun étonnement. Il sent courir sur le corps de voluptueux frissons.
Elle lui déclare solennellement (en remontant dans le temps) : « Je
t'aimais bien longtemps avant de t'avoir vu, mon cher Romuald, et je te
cherchais partout. Tu étais mon rêve, et je t'ai aperçu dans l'église au
fatal moment ; j'ai dit tout de suite : ‹ C'est lui ! › Je t'ai jeté un regard où
j'ai mis tout l'amour que j'avais eu, que j'avais et que je devais avoir
pour toi. » (104). Elle l'invite à venir avec elle : »tu viendras avec moi, tu
me suivras où je voudrai. Tu laisseras tes vilains habits noirs. Tu seras le
plus fier et le plus envié des cavaliers, tu seras mon amant. » Et le lendemain elle revient effectivement, « non pas comme la première fois,
pâle dans son pâle suaire […], mais gaie, leste et pimpante, avec un
superbe habit de voyage en velours vert. » . La personne de Romuald est
transformée en un grand seigneur à Venise. « Je n'étais plus le même, et
je ne me reconnus pas. » Sa nature était en quelque sorte dédoublée.
Sans penser être fou il ne pouvait plus distinguer le songe et l'état de la
veille. Il est parfaitement heureux – « sans un maudit cauchemar »
toutes les nuits où il se voit curé de village faisant pénitence! (109).

Un certain temps après Clarimonde tombe malade et dépérit peu à
peu. Alors il arrive qu'en coupant un fruit Romuald se blesse. Comme
un vampire Clarimonde se précipite sur sa blessure et la suce avec joie
et volupté – et retrouve des forces… Cette scène préoccupe Romuald
longtemps et réveille ses doutes à l'égard de Clarimonde.

Pensant qu'elle est tout à fait morte, l'abbé Sérapion exhorte Romuald avec véhémence. Il propose de la déterrer, ouvre son cercueil et l'asperge d'eau bénite. Alors le beau corps de Clarimonde tombe en poussière.

Mais la nuit suivante elle apparaît à l'abbé Romuald en rêve et lui dit : »Malheureux! malheureux ! qu'as-tu fait ? Pourquoi as-tu écouté ce prêtre imbécile ? [...] Toute communication entre nos âmes et nos corps est rompue désormais. Adieu, tu me regretteras » (116).

COMMENTAIRE

Théophile Gautier (1811–1872) pratique dans cette nouvelle le réalisme fantastique. C'est un procédé selon la conception et l'œuvre de E.T.A. Hoffmann (1776–1822) qui se caractérise par l'intrusion du mystère et du surnaturel dans la vie réelle.[42] (Nous savons que Gautier était un admirateur de Hoffmann).

Le thème central est le dédoublement qui se définit par la coexistence de deux personnalités dans un même sujet. Romuald, le jeune prêtre, est pendant la journée un brave homme d'église, mais la nuit il est l'objet de la séduction et l'amant de Clarimonde, une très belle et diabolique jeune femme, qui – comme le titre l'indique – est morte et amoureuse. [L'auteur s'arrange pour que le lecteur oublie – le plus possible – le fait que Clarimonde est morte]. Elle tente d'éloigner Romuald de Dieu. La rencontre avec Clarimonde est à l'origine de tout cet imbroglio. Vers la fin, quand il est nuitamment un jeune seigneur à Venise, il finit par avoir un problème d'identité : il ne sait plus qui est vrai, le prêtre ou le gentilhomme. L'instance morale est l'abbé Sérapion qui

---

42 Cf. Pierre-George Castex, *Le Conte fantastique en France*, 4. éd., Paris, Corti, 1971, p. 8.

le met constamment – sans grand succès – en garde contre les agisse-
ments de Clarimonde.

Les motifs qui entourent le thème central sont la veille et le sommeil,
le rêve et le cauchemar, la réalité et l'illusion, le mystère et le surnaturel,
l'amour et la mort.

Le fantastique, le mystérieux et le surnaturel sont rendus plausibles
par une présentation concrète et vivante, à quoi contribuent également
une série de situations impressionnantes. Comme exemples soient
mentionnés : ce qui se passe lors de l'ordination de Romuald ; l'homme
au teint cuivré le conduisant dans un château auprès de Clarimonde qui
est ressuscitée par un baiser ; Romuald est habillé comme jeune seigneur dans un vêtement superbe et élégant et transporté à Venise,
« dans un palais digne d'un roi »(108) ; ou : Clarimonde suçant le sang
de Romuald tel un vampire, quand il s'est blessé.

La prose de la nouvelle est claire, limpide et simple, pourvue de
belles formules. Gautier l'esthète y est constamment présent.

© Frank & Timme   Verlag für wissenschaftliche Literatur

Gustave FLAUBERT (1821–1880)[43]

Flaubert est un des plus grands écrivains du XIXe siècle. Il est le maître du réalisme artistique. Il a grandi à l'Hôtel-Dieu de Rouen où son père était médecin-chef. Son enfance fut plutôt morose dans cet hôpital sombre. Adolescent au Collège royal et au lycée de Rouen, il partage les exaltations romantiques des jeunes de sa génération et commence à développer une passion pour les lettres. En 1840 il passe son baccalauréat et se met à étudier le Droit à Paris. Au cours de sa jeunesse il rédige toute une série d'écrits (*Novembre* ; *Les mémoires d'un fou* ; etc.), mais n'en publie aucun. La première œuvre qu'il publiera sera en 1857 *Madame Bovary*. Ce fut tout de suite un gros succès, malgré ou au à cause d'un procès pour atteinte aux mœurs qui fut intenté contre Flaubert.

En été de 1836, à Trouville-sur-Mer, a lieu sa rencontre avec Élisa Schlésinger qu'il aimera toute sa vie ; il transposera cette passion dans *L'Éducation sentimentale* dans le personnage de Madame Arnoux.

Il faut savoir qu'en 1844 Flaubert souffre d'une première grave crise d'épilepsie. Il revient à Rouen et s'installe définitivement en juin 1844 dans la maison familiale de Croisset. C'est là qu'il écrira toutes ses œuvres.

....

43 Pierre-Marc Biasi, *Flaubert,* Paris, Éditions des Archives Contemporaines, 2014 ; Juliette Azoulaï, *L'âme et le corps chez Flaubert,* Paris, Classiques Garnier, 2014 ; Michel Winock,, *Flaubert,* Paris, Gallimard, 2013 ; Anne Herschberg, dir., *Flaubert : étique et esthétique,* Saint-Denis, Université de Vincennes, 2012 ; Erich Auerbach, *Mimesis, dargestellte Wirklichkeit in der abendländischen Literatur,* Bern/Stuttgart, Francke, ⁸1988 ; Hugo Friedrich, *Drei Klassiker des französischen Romans,* Frankfurt am Main, Klostermann, ⁷1973.

Après *Madame Bovary* il publie en 1869 *L'Éducation sentimentale,* son second grand roman (à répercussion européenne), et en 1874 les *Trois Contes.*

La liaison, à partir de 1846, de Flaubert avec Louise Colet, une femme de lettres, est à l'origine d'une correspondance considérable, dans laquelle Flaubert exprime, entre autre, ses vues sur son travail au jour le jour et ses idées sur la littérature en général.

Flaubert s'est constamment préoccupé de l'esthétisme et de l'Art. A sa façon il est aussi un représentant de *l'art pour l'art.* Il poursuit le culte de la vérité et, surtout, la perfection de la forme. La quête du bon style le hante. Ses impératifs concernant le narrateur sont l'impassibilité, l'impartialité, l'impersonnalité et l'objectivité.

© Frank & Timme   Verlag für wissenschaftliche Literatur

Un cœur simple[44]

Extrait

Pendant un demi-siècle, les bourgeoises de Pont-l'Évêque envièrent à Madame Aubain sa servante Félicité.

Pour cents francs par an, elle faisait la cuisine et le ménage, cousait, lavait, repassait, savait brider un cheval, engraisser les volailles, battre le beurre, et resta fidèle à sa maîtresse, – qui cependant n'était pas une personne agréable.

Elle avait épousé un beau garçon sans fortune, mort au commencement de 1809, en lui laissant deux enfants très jeunes avec une quantité de dettes. Alors elle vendit ses immeubles, sauf la ferme de Toucques et la ferme de Geffosses, dont les rentes montaient à 5000 francs tout au plus, et elle quitta sa maison de Saint-Melaines pour en habiter une autre moins dispendieuse, ayant appartenu à ses ancêtres et placée derrière les halles.

Cette maison, revêtue d'ardoises, se trouvait entre un passage et une ruelle aboutissant à la rivière. Elle avait intérieurement des différences de niveau qui faisait trébucher.

RÉSUMÉ

Frustration et tristesse sont les caractéristiques de cette nouvelle.

Félicité est la servante de Madame Aubain, une veuve bourgeoise pas très agréable, dans la petite ville normande de Pont-l'Évêque. Très assidue, elle travaille du matin au soir. « Elle faisait la cuisine et le ménage, cousait, lavait repassait, savait brider un cheval, engraisser les volailles,

....

44 Gustave Flaubert, *Trois contes*, éd. Christian Michel, Paris, Larousse, 2000, pp. 49–103 (Petits Classiques Larousse, 61).

battre le beurre, et restait fidèle à sa maîtresse. » (49). Propre, économe et très modestement habillée, elle « semblait une femme de bois » (51).

La maison est assez inconfortable, l'intérieur sent le vieux et un peu le moisi, car le plancher est plus bas que le jardin. (50).

Félicité n'a pas eu une enfance heureuse. Ses parents sont morts très tôt. Elle a été recueillie par un fermier qui la battait souvent. Dans sa jeunesse, elle avait eu une histoire d'amour malheureuse. Théodore lui avait fait la cour. Elle a finalement accepté de l'épouser, mais elle a appris qu'il avait épousé une vieille femme très riche, *pour éviter le service militaire* ! Elle est donc partie et entrée au service de Madame Aubain. Là, elle s'occupe avec ardeur et amour de Paul et Virginie, les deux enfants de Madame.

C'est une période heureuse de sa vie. Elle fait la connaissance de bien des personnes de Pont-l'Évêque, des fermiers Robelin et Liébard, du marquis de Germanville et de l'avoué Bourais.

Lors d'une sortie avec Mme Aubain et les enfants à la ferme des Geffosses, Félicité montre un grand courage : Elle s'oppose à un taureau qui menace de les attaquer.

Pour la santé de Virginie ils partent prendre des bains à Trouville. C'est le plein été : paix, silence et immobilité règnent. De menues choses pas très agréables se produisent. Une sœur de Félicité essaie de l'exploiter. Et à la fin de la saison Paul est envoyé au collège de Caen. « Félicité regrette son tapage. » (64).

A partir de Noël, Félicité accompagne tous les jours Virginie au catéchisme. C'est de cette manière qu'elle apprend elle aussi le catéchisme et fait son éducation religieuse. Sans comprendre tout ce qui se passe, elle suit les explications du prêtre pleine d'émotion et avec la force de son imagination naïve.

Peu après on met Virginie en pension chez les Ursulines à Honfleur. Félicité est vivement attristée et la regrette beaucoup.

Etape suivante : son neveu Victor vient la voir le dimanche. Il fait des voyages dans les environs comme mousse à bord de bateaux. En 1819 il informe Félicité qu'il doit partir au long cours, pour deux ans peut-être. Elle est désolée. Pour lui dire adieu, elle se rend à pied au port de Honfleur, « elle voulut recommander à Dieu ce qu'elle chérissait le plus ; et elle pria pendant longtemps debout, la face baignée de larmes, les yeux vers les nuages. » (73). Elle pense continuellement à son neveu et se l'imagine dans toutes sortes de situations dramatiques et dangereuses. Quelques mois plus tard elle apprend effectivement qu'il est mort : dans les tropiques il a contracté la fièvre jaune. Sa douleur est profonde : »elle répétait par intervalles : pauvre petit gars1 pauvre petit gars » (76). Virginie ne va pas bien non plus. Elle a des étouffements, de la toux et une fièvre continuelle. Elle finit par avoir une pneumonie et en meurt. Félicité accomplit les derniers soins pour la morte, alors que Madame Aubain est désespérée et inconsolable.

L'auteur relate alors le passage du temps jusqu'en 1830 :

« Puis des années s'écoulèrent, toutes pareilles et sans autres épisodes que le retour des grandes fêtes : Pâques, l'Assomption, la Toussaint. Des événements faisaient une date, où l'on se reportait plus tard. Ainsi, en 1825, deux vitriers badigeonnèrent le vestibule ; en 1827, une portion du toit, tombant dans la cour, faillit tuer un homme. L'été de 1828, ce fut à Madame d'offrir le pain bénit, etc. » (81).

Puis « la bonté du cœur de Félicité se développa ». Elle s'occupe de soldats polonais et du père Colmiche qui vit misérablement – et meurt, tout comme Loulou, le perroquet qu'elle affectionnait particulièrement. Elle l'avait reçu de la femme du nouveau sous-préfet, qui voulait s'en débarrasser.

Elle fait empailler l'oiseau au Havre. En route elle s'arrête sur une hauteur :

« Elle aperçut les lumières de Honfleur qui scintillaient dans la nuit comme une quantité d'étoiles ; la mer, plus loin, s'étalait confusément. Alors une faiblesse l'arrêta ; et la misère de son enfance, la déception de son premier amour, le départ de son neveu, la mort de Virginie, comme les flots d'une marée, revinrent à la fois, et, lui montant à la gorge, l'étouffaient. » (92–93).

A l'Église elle contemple toujours la colombe représentant le Saint-Esprit et lui trouve une ressemblance avec son perroquet.

En 1853 Madame Aubain meurt, laissant Félicité, qui la pleure, seule dans la maison, ou plutôt dans sa chambre. Elle mène désormais une vie rétrécie, avec une petite pension. Après une grippe et une pneumonie, elle devient sourde et presque aveugle. Dehors c'est en plein été le tapage de la procession de la Fête-Dieu. Le perroquet empaillé repose au milieu du reposoir. Pendant ce temps dans la chambre de Félicité a lieu l'agonie solitaire de celle-ci. Au moment de sa mort elle a une vision : dans les cieux entrouverts elle croit voir « un perroquet gigantesque, planant au-dessus de sa tête. » (103).

COMMENTAIRE

Balzac classerait cette histoire parmi « les scènes de province ». Elle fut écrite en 1875 et publiée en 1877. Elle est située à Pont-l'Évêque, un village en Normandie au cours de la première moitié du XIXe siècle. C'est un univers morne et monotone. Flaubert s'est manifestement donné comme tâche de rendre intéressante une existence humble et obscure. A certains critiques modernes il faut tout de suite rappeler ce que Flaubert a écrit à madame Des Genettes le 19 juin 1876 concernant l'ensemble de la nouvelle, et surtout aussi la fin : « Cela n'est nullement ironique comme vous supposez, mais au contraire très sérieux et très triste. »

La répartition du texte comporte un ensemble d'unités qui se suivent : au début la maison de Madame Aubain et le portrait de Félicité,

© Frank & Timme   Verlag für wissenschaftliche Literatur

ensuite la série de personnages et d'êtres que Félicité aime, Théodore, Paul et Virginie, le cousin Victor et Loulou le perroquet (et qui, à l'exception de Théodore, meurent tous). L'ensemble se clôt par la Fête-Dieu et la mort de Félicité.

Du début à la fin c'est la perspective de Félicité qui compte. C'est dans sa perspective que les autres êtres sont vus : Mme Aubain à qui elle est liée, Paul et Virginie qu'elle traite comme si c'étaient ses propres enfants, son cousin Victor qu'elle aime de tout cœur et Loulou le perroquet qui est son compagnon fidèle, pour lequel elle éprouve une grande affection et qui jouera un rôle important à la fin.

Félicité est une personne qui a une intelligence limitée et une imagination pauvre, mais qui a un bon cœur et une vie intérieure pleine de sentiments. Après la mort de Victor par exemple Félicité est capable d'abord « de retenir sa douleur jusqu'au soir, mais dans sa chambre elle s'abandonna, à plat ventre sur son matelas, le visage dans l'oreiller, et les deux poings contre les tempes. » (74). Et après la mort de Virginie, elle dépose un baiser sur ses yeux plusieurs fois, « et elle n'eût pas éprouvé un immense étonnement si Virginie les eût rouverts » (79). Par ailleurs, Félicité est peu exigeante, pieuse (« elle se levait dès l'aube, pour ne pas manquer la messe », (51) et courageuse au besoin.

Mais concernant la perspective de Félicité il s'agit d'un ensemble réalisé grâce à l'art, grâce à tout un ensemble de moyens artistiques de Flaubert.[45] Au caractère simple et peu compliqué de Félicité correspond son expression verbale. Elle prononce de préférence des phrases courtes et pas de propositions subordonnées. En apprenant la mort de Victor,

---

45 Il a peu recours à des images, surtout pas en ce qui concerne Félicité. On peut en trouver une belle, par exemple, dans le contexte de la nature peu avant l'expérience dangereuse avec le taureau : « Un soir d'automne, on s'en retourna par les herbages. La lune à son premier quartier éclairait une partie du ciel, et un brouillard flottait comme une écharpe sur les sinuosités de la Toucques. » (58–59). Paix et tranquillité dominent donc avant le drame.

elle dit seulement : « Pauvre petit gars ! Pauvre petit gars ! Ça ne leur fait rien, à eux. » (57). Et en renvoyant une visite déplaisante : « Vous en avez assez, Monsieur de Gremanville. A une autre fois. » (57) Et elle referme la porte.

Par la quantité d'objets et leurs descriptions détaillées se constitue apparemment une réalité purement objective et impersonnelle. Mais ce n'est pas le cas. Chez Flaubert les objets contiennent souvent une connotation psychologique et se réfèrent à un caractère ou un milieu. Deux exemples :

1. La maison de Madame Aubain montre une personne peu mobile (« se tenait tout le long du jour dans la salle »), au milieu de choses (des chaises, un piano, des bergères, avec les verbes exprimant de l'activité), avec un bric-à-brac culturel (la cheminée de style Louis XV, la pendule représentant un temple de Vesta) qui est l'expression d'un mauvais goût (50).

2. Vers la fin de la nouvelle les objets religieux et hétéroclites dans la chambre de Félicité, que Flaubert décrit en détail, ne sont pas une fin en soi ; elles se réfèrent exclusivement à l'état mental de la personne.

Le narrateur n'intervient pas –ou très peu – par des commentaires que Flaubert réalise par sa technique du *style indirect libre*. Le neveu Victor a quitté la France en un paquebot : « le pauvre gamin durant des mois allait donc rouler sur les flots. Ses précédents voyages ne l'avaient donc pas effrayé » (Félicité, 73). Ce qui paraît être une constatation du narrateur, sont des pensées de Félicité pleines d'affection et de crainte.[46]

....

46 Voici un autre exemple. Félicité essaie de voir Victor encore une fois avant le départ. [Sur le bateau] « des voyageurs se bousculaient entre les barriques de cidre, les paniers de fromage, les sacs de grain ; on entendait chanter des poules, le capitaine jurait ; et un mousse restait accoudé sur le bossoir, indifférent à tout cela. Félicité qui ne l'avait pas reconnu, criait : ‹ Victor ! › » (73). Flaubert ne précise pas *expressis verbis* que Félicité assiste à cette scène dès le début, que c'est elle qui *voit* et qui *entend* tout et qu'elle réalise seulement après coup que le mousse indifférent qu'elle avait remarqué se révèle être son neveu.

A un endroit la voix du narrateur est même totalement supprimée et le lecteur doit conclure que Théodore et Félicité sont en train de s'embrasser :

« [...] du bras gauche il lui entoura la taille ; elle marchait soutenue par son étreinte ; ils se ralentirent. Le vent était mou, les étoiles brillaient, l'énorme charretée de foin oscillait devant eux ; et les quatre chevaux, en traînant leur pas, soulevaient de la poussière. Puis, sans commandement, ils tournèrent à droite. Il l'embrassa encore une fois. Elle disparut dans l'ombre. » (54).

L'amour, tout comme la dévotion, la désillusion, la solitude et la mort ne sont pas des thèmes abstraits, mais des données de la vie intérieure de Félicité, des choses qu'elle ressent, qui la font vibrer ou qui lui font mal. L'ensemble de la nouvelle est vraiment sérieux, triste et tragique – à l'exception de quelques passages où sa simplicité et son intelligence bornée jouent un rôle primordial qui font sourire : par exemple Victor à La Havane : « A cause des cigares, elle imaginait La Havane un pays où l'on ne fait pas autre chose que de fumer, Victor circulait parmi les nègres dans un nuage de tabac [...]. Et Bourais lui expliquant l'atlas elle le pria de lui montrer la maison où demeurait Victor ». (75). [à Cuba !].

La fin du texte montre Félicité qui s'éteint peu à peu. Les dernières phrases suggèrent, en outre tristesse et bonheur (« ses lèvres souriaient »), paix et satisfaction. Et puis vient sa vision d'un perroquet gigantesque planant dans les cieux entrouverts. C'est sans aucun doute un moment tout à fait particulier – et un moment rare dans l'œuvre de Flaubert.[47]

---

47 A comparer avec de très belles pages de Kurt Wais dans « Realistisches Erzählen in Frankreich und das Phänomen des Religiösen », in Wais, *Europäische Literatur im Vergleich,* éd. Johannes Hösle, Dieter Janik et Wolfgang Theile, Tübingen, Niemeyer, 1983, [245–268], pp. 259–263.

Gustave FLAUBERT (1821–1880)

La légende de Saint Julien l'Hospitalier

Extrait

Le père et la mère de Julien habitaient un château, au milieu des bois, sur la pente d'une colline.

Les quatre tours aux angles avaient des toits pointus recouverts d'écailles de plomb, et la base des murs s'appuyait sur les quartiers de blocs, qui dévalaient abruptement jusqu'au fond des douves.

Les pavés de la cour étaient nets comme le dallage d'une église. [...]

On vivait en paix depuis si longtemps que la herse ne s'abaissait plus ; les fossés étaient pleins d'eau ; des hirondelles faisaient leur nid dans la fente des créneaux, [...]. Les ferrures partout reluisaient ; des tapisseries dans les chambres protégeaient du froid ; et les armoires regorgeaient de linge, les tonnes de vin s'empilaient dans les celliers, et les coffres de chêne craquaient sous le poids des sacs d'argent. [...].

Le bon seigneur se promenait dans sa maison, rendait justice à ses vassaux, apaisait les querelles de ses voisins. Pendant l'hiver, il regardait les flocons de neige tomber, ou se faisait lire des histoires. [...]. Après beaucoup d'aventures, il avait pris pour femme une demoiselle de haut lignage.

Elle était très blanche, un peu fière et sérieuse. [...]. Son domestique était réglé comme l'intérieur d'un monastère ; chaque matin elle distribuait la besogne à ses servantes, surveillait les confitures et les onguents, filait la quenouille ou brodait des nappes d'autel. A force de prier Dieu, il lui vint un fils...

© Frank & Timme   Verlag für wissenschaftliche Literatur

RÉSUMÉ[48]

« Le Père et la Mère de Julien habitaient un château, au milieu des bois, sur la pente d'une colline » (109). Ainsi commence ce conte. Nous sommes au Haut Moyen Âge. Dans ce château règne une paix profonde et ses habitants jouissent d'une confortable richesse. Le seigneur rend justice à ses sujets et se préoccupe de la bonne entente de ses voisins. Pour femme il a pris une demoiselle de la haute noblesse qui était très pieuse. Le narrateur constate : « A force de prier Dieu, il lui vint un enfant » ! (112). Un soir un ermite s'approche d'elle et lui annonce que son fils sera un saint. Peu après un mendiant se dresse devant la châtelaine et lui prédit que, concernant son fils, il voit beaucoup de sang, beaucoup de gloire et la famille d'un empereur.

L'enfant grandit et se met à tuer de petits animaux, une souris, des oiseaux et un gros pigeon. Son père l'initie à la vénerie qu'il pratique avec enthousiasme. La chasse devient sa grande passion. Il massacre cruellement et avec rage toutes sortes de bêtes, jusqu'au moment où un cerf noir se dresse devant lui et le maudit. Il lui annonce la prophétie qu'il assassinera son père et sa mère. Julien est vivement touché. De peur il ne veut plus chasser. Mais malgré toute sa prudence, il a failli les tuer accidentellement. Il quitte le château familial et s'enfuit.

Il se joint à une troupe d'aventuriers. Là il connaît « la faim, la soif, les fièvres et la vermine. » (29). Il réunit une armée, secourt des rois, affranchit des peuples, délivre des reines et assiste l'empereur d'Occitanie.[49] De celui-ci il reçoit en mariage sa fille et un magnifique château. Il lui arrive de rêver de bêtes.

....

48 Flaubert, *Trois contes, éd. Christian Michel,* Paris, Larousse, 2000, pp. 105–152 (Petits Classiques Larousse).

49 Occitanie = pays de langue d'oc.

Une nuit il rêve qu'à l'ombre d'une caverne, il lance sur des bêtes des javelots infaillibles : il survient d'autres bêtes ; cela n'en finit pas ; et il se réveille en roulant des yeux farouches. (133).

Mais Julien ne fait plus la guerre et ne chasse plus, « croyant, par cette sorte de pénitence, détourner son malheur » (134). Sa jeune femme le persuade cependant de ne pas prendre au sérieux ses pensées négatives. Il repart donc à la chasse.

Pendant son absence ses vieux parents se présentent à son château, Sa femme les reçoit, leur donne à manger et les fait coucher dans son lit. Julien rentre et pense voir un amant dans lit de sa femme. Dans une colère démesurée, il tue ses parents. Et à leur râle se mêle « le bramement du grand cerf noir ». (141).

Il s'en va, prenant « le chemin qui mène aux montagnes » (142).

Il se fait mendiant. Il raconte partout sa vie et on le repousse partout. Les bêtes le fuient. Les souvenirs de son parricide le torturent sans discontinuer. Il finit par arriver à un fleuve large et violent et s'y arrête pour exercer l'activité de passeur. Un jour un lépreux a recours à ses services. Il lui demande de lui donner à boire et à manger et de se coucher sur lui pour le chauffer. Quand Julien exauce ses souhaits, une métamorphose a lieu : le lépreux se transforme en Jésus Christ qui l'emporte dans le ciel.

COMMENTAIRE

A la fin de ce conte, de 1877, Flaubert a mis la phrase suivante : « Et voilà l'histoire de saint Julien l'Hospitalier, telle *à peu près* qu'on la trouve, sur un vitrail d'église, dans mon pays. » (152).

Il s'agissait de la cathédrale de Rouen. Flaubert s'en était occupé depuis longtemps. Ce qui l'intéressait avant tout c'était la transcription narrative d'un vitrail. Il dit *à peu près* parce qu'il a assez transformé la légende originelle telle qu'il l'avait trouvée dans la *Legenda aurea,* un recueil de vies de saints, de Jacques de Voragine (1260). Par exemple au troisième chapitre, après le parricide, Julien n'est pas un mendiant qui vit de l'aumône, qui raconte sa vie et qu'on traite comme un pestiféré – non, il se retire avec sa femme, pour faire pénitence, et c'est un envoyé du Seigneur, et non Jésus lui-même, qui vient leur annoncer qu'il peuvent gagner le ciel.

Par ailleurs le texte de Voragine a pu heureusement inspirer Flaubert en ce qui concerne le ton et l'esprit moyenâgeux de son œuvre. Nous apprenons par exemple que Julien « protégeait les gens d'église, les veuves, et principalement les vieillards », ce qui est une formule fréquente dans les romans de chevalerie (129). De même qu'il reçut en mariage la fille d'un empereur. Flaubert composa bel et bien un conte médiéval.

Ce qui, à première vue, paraît être réaliste, se révèle être symbolique dans le fond. Le mystère, le surnaturel, le merveilleux et le fantastique constituent une dimension fondamentale (et tout à fait irrationnelle) de cette œuvre. Ils correspondent aux prédictions de l'ermite et du mendiant, de même qu'à la prophétie du cerf noir – elles s'accomplissent toutes (contre la volonté de Julien). Et les lieux – les châteaux, la forêt et le grand fleuve – complètent idéalement le tableau.

Il y a peu de personnages selon l'habitude dans un conte ou une nouvelle : le père de Julien, un ancien guerrier devenu pacifique, la mère, une dévote qui dirige la maison, la femme de Julien, une fille de l'empereur, le lépreux et Julien, le personnage principal.

Julien est caractérisé par des contrastes : par l'extraordinaire cruauté et de l'autre côté l'expiation, par l'immense carnage parmi les animaux et par leur vengeance (avec le cerf noir comme leur symbole), par le meurtre des parents et la rédemption, par l'abjection et la sainteté. Julien est moins le sujet de ses actions que l'objet de forces qui le dépassent et la passion ou la rage qui le dominent. Il est indubitablement la victime de la fatalité. Vers la fin, en rapport avec le lépreux, il exerce l'hospitalité de façon plus qu'exemplaire et gagne ainsi le ciel.

Les étapes qu'il parcourt sont les suivantes :

1. Il est un chasseur cruel et sauvage
2. Il devient le commandant d'une troupe d'aventuriers.
3. Il devient le meurtrier de ses parents.
4. Il se fait mendiant et pénitent et ensuite passeur à travers le fleuve.
5. Jésus l'emporte au ciel comme saint.[50]

---

50 Victor Bombert, *Flaubert par lui-même*, Paris, Seuil, 1971. Hans-Peter Lund, *Les trois Contes*, Paris, PUF, 1994.

Guy de MAUPASSANT (1850–1893)[51]

Né en 1850, Maupassant grandit en Normandie. Étudiant en droit lors de la guerre de 1870/71, il s'engage dans la garde mobile. Après la guerre il entre au Ministère de la Marine et ensuite dans l'Instruction Publique.

Pendant ses loisirs il se met à écrire. Gustave Flaubert est l'ami de la famille ; il l'instruit en matière d'écriture et l'aide à former son talent. En 1880 Maupassant fait partie du Groupe de Médan, qui consiste en un certain nombre d'écrivains autour de Zola. Le succès de *Boule de Suif*, contenu dans *Les Soirées de Médan*, le fait immédiatement connaître.

En dix années il publie sans relâche près de trois cents nouvelles et sept grands romans (*Une vie, Bel Ami, Fort comme la Mort, Pierre et Jean*, etc.). Son style sobre et clair est universellement admiré.

Le surmenage intellectuel, des drogues et des excès physiques font qu'il perd peu à peu la lucidité et meurt en 1893.

---

51 Antonia Fonyi, *Relire Maupassant*, Paris, Classiques Garnier, 2011 ; Thierry Poyet, *Maupassant – une littérature de la provocation*, Paris, Kimé, 1911 ; Mitterand, Henri, *Maupassant, Paris-Normandie*, Paris, Hazan, 2010.

Guy de MAUPASSANT (1850–1893)

Boule de suif [52]

Extrait

Pendant plusieurs jours de suite des lambeaux d'armée en déroute avaient traversé la ville. Ce n'était point de la troupe, mais des hordes débandées. Les hommes avaient la barbe longue et sale, des uniformes en guenilles, et ils avançaient d'une allure molle, sans drapeau, sans régiment. Tous semblaient accablés, éreintés, incapables d'une pensée ou d'une résolution, marchant seulement par habitude, et tombant de fatigue sitôt qu'ils s'arrêtaient. [...]

Quelques-uns avaient de gros intérêts engagés au Havre que l'armée française occupait, et ils voulurent tenter de gagner ce port en allant par terre à Dieppe où ils s'embarqueraient. On employa l'influence des officiers allemands dont on avait fait la connaissance, et une autorisation de départ fut obtenue du général en chef.

Donc une grande diligence à quatre chevaux ayant été retenue pour ce voyage, et dix personnes s'étant fait inscrire chez le voiturier, on résolut de partir un mardi matin, avant le jour, pour éviter tout rassemblement. [...].

A quatre heures et demie du matin, les voyageurs se réunirent dans la cour de l'hôtel de Normandie où l'on devait monter en voiture. Ils étaient encore pleins de sommeil, et grelottaient de froid sous leurs couvertures. [...]. Deux hommes se reconnurent, un troisième les aborda, ils causèrent: »J'emmène ma femme, dit l'un. – J'en fais autant. – Et moi aussi. » Nous ne reviendrons pas á Rouen, et si les Prussiens approchent du Havre nous gagnerons l'Angleterre. » Tous avaient les mêmes projets, étant de caractère semblable...

....

52 Guy de Maupassant, *Boule de suif [et vingt autres nouvelles]*, éd. Louis Forestier, Paris, Gallimard, 1999, pp. 31–92.

RÉSUMÉ

Ce récit se situe pendant la guerre franco-allemande de 1870/71. Au cours des sept premières pages est décrite l'atmosphère qui régnait à Rouen avant et après l'invasion allemande. Des lambeaux de l'armée française traversèrent la ville et la population locale essaya de s'arranger avec les conditions de l'occupation. Comme Le Havre se trouve aux mains des Français, certains habitants Rouennais fuient pour s'y rendre.

C'est ainsi que très tôt un matin en hiver de 1870 dix personnes de différentes couches sociales partent en diligence en direction du Havre. Il neige et il fait très froid ; tout le monde est gelé. Sur une remarque du cocher, tous montent dans la voiture. Tout au fond se trouvent M. et Mme Loiseau, un marchand de vin en gros. A côté d'eux, « appartenant à une caste supérieure » (42), se tient M. Carré-Lamadon, propriétaire de trois filatures et Officier de la Légion d'Honneur. Sa femme, beaucoup plus jeune, et toute jolie, est « la consolation des officiers de bonne famille » (42). Puis viennent le comte et la comtesse Hubert de Bréville, d'ancienne noblesse de Normandie. Ces six personnes représentent « des honnêtes gens autorisés qui ont de la Religion et des Principes » (43). Il y a également deux religieuses qui égrènent des chapelets, un hommes nommé Cornudet le démoc (« qui trempait sa grande barbe rousse dans les bocks dans tous les cafés démocratiques » (44), et une fille de joie qui, à cause de son embonpoint, porte le surnom de Boule de suif. Les « femmes honnêtes » font aussitôt la moue et chuchotent les mots de « prostituée » et de « honte publique ». Les hommes parlent d'argent et des pertes dues à la guerre. La diligence avance très lentement et s'enfonce même à un moment dans un tas de neige.

Les passagers ont de plus en plus faim. Boule de suif est la seule qui a de savoureuses provisions. Elle les partage généreusement avec les autres compagnons de voyage.

Quand on se met à parler de la guerre, Boule de suif s'exprime comme une patriote convaincue : « quand je les ai vus, ces Prussiens, ce fut plus fort que moi ! Ils m'ont tourné le sang de colère, et j'ai pleuré de honte toute la journée. » (53). – On l'applaudit.

Il fait déjà nuit lorsqu'ils arrivent à Tôtes. Ils descendent à l'Hôtel du Commerce. Le lendemain matin la voiture ne part pas comme prévu. Grande confusion ! On se livre à mille conjectures. Par l'aubergiste on apprend que l'Officier prussien voudrait que Boule de suif couche avec lui. Cette dernière refuse catégoriquement.[53] Et ses compagnons sont unanimement indignés.

Ainsi passent plusieurs jours. Peu à peu un refroidissement se produit à l'égard de Boule de suif. Pourquoi n'est-elle pas secrètement allée voir le Prussien ?

Un matin elle assiste à un baptême à l'église et y éprouve une émotion sincère. « C'est si bon de prier quelquefois » (78).

Et alors on se met à persuader Boule de suif qu'elle devrait céder pour le bien de tous. La vieille Religieuse qui, jusqu'alors s'est tue et a prié son chapelet, se montre la plus pressante !..Enfin le but est atteint... !

Le lendemain la diligence est prête et le voyage peut enfin continuer. Les compagnons saluent à peine Boule de suif et se détournent d'elle.

Au bout de trois heures de route tout le monde a faim. Seule Boule de suif n'a pas pu préparer de provisions et n'a donc rien à manger. Personne ne fait attention à elle. « Elle se sentait noyée dans le mépris de ces gredins honnêtes » (90). Elle assiste à la scène pleine de colère, mais peu à peu exaspérée elle ne retient plus ses larmes.[54]

....

53　« Vous lui direz à cette crapule, à ce saligaud, à cette charogne de Prussien, que jamais je ne voudrai ; vous entendez bien, jamais, jamais, jamais » (70).

54　Louis Forestier, *Boule de suif* et *La Maison Tellier*, essai, Paris, Gallimard, coll. Foliothèque, 1995. Albert-Marie Schmidt, *Maupassant*, Paris, Seuil, 1962.

COMMENTAIRE

Cette nouvelle fut publiée en 1880 dans le cadre d'un recueil collectif intitulé *Les Soirées de Médan* (Émile Zola avait réuni six collègues écrivains dans sa maison de campagne de Médan : Maupassant, Huysmans, Céard, Hennique et Alexis).

Boule de suif fut aussitôt reconnu comme un chef-d'œuvre – et l'est encore de nos jours. Il se distingue par une perfection artistique, une peinture réaliste des hommes et des milieux, une structure claire et un style sobre et simple parfaitement convaincant.

L'axe temporel de l'œuvre se déroule d'une manière presque uniquement rectiligne, sans flashback ni projection dans le futur (analepse ou prolepse).[55]

Et l'évolution de la psychologie des personnages respectifs se fait également sans rupture ni cassure. Leur caractérisation est de bout en bout fine ; leur comportement et leur expression verbale correspondent toujours à leur caractère. Le lecteur pense avoir affaire à des personnages réels.

On a l'impression qu'il s'agit d'une assemblée fortuite. Mais ce n'est pas le cas. Maupassant a soigneusement choisi les représentants des différentes couches sociales selon le système hiérarchique de la société. Tout en haut se situe le comte de Bréville pour la noblesse, puis viennent M. Carré-Lamadon pour l'Industrie, M. Loiseau pour le commerce, les deux Religieuses pour l'Église, et Cornudet et Boule de suif pour le peuple – un tableau sociologique mûrement réfléchi !

L'ensemble représente une satire caustique de la société, avec, en bien des endroits, un ton moqueur plein d'esprit et au fond, bien sûr, une charge critique et tout à fait sérieuse. Le ton accusateur augmente

----

55 Sauf que à un moment Boule de suif raconte ses premiers contacts avec des soldats prussiens.

clairement quand Boule de suif a été « récompensée » par la froideur et le mépris des autres voyageurs, après avoir cédé et accordé ses faveurs au militaire prussien. Alors a lieu la dénonciation de l'hypocrisie des « prétendues honnêtes gens », au contraire du comportement humain et des sentiments sincères de la fille.

Les thèmes de la nouvelle sont concernant les personnages, l'hypocrisie et la bassesse et concernant la société et de l'histoire la guerre, le patriotisme et la liberté.

Dans *Boule de suif* se trouvent un grand nombre de traits amusants. Par la suite j'aimerais en citer quelques-uns :

Boule de suif. « Petite, ronde de partout, grasse à lard, avec des doigt bouffis, étranglés au phalanges, pareils à des chapelets de courtes saucisses ; avec une peau luisante et tendue, une gorge énorme qui saillit sous sa robe, elle restait cependant appétissante et courue, tant sa fraîcheur faisait plaisir à voir. Sa figure était une pomme rouge, un bouton de pivoine prêt à fleurir ; et là dedans s'ouvraient, en haut, deux yeux noirs magnifiques, ombragés de grands cils épais qui mettaient une ombre dedans ; en bas, une bouche charmante, étroite, humide pour le baiser, meublée de quenottes luisantes et microscopiques. » (45).

L'aubergiste M. Follenvie. « C'était un ancien marchand de chevaux, un gros homme asthmatique, qui avait toujours des sifflements, des enrouements, des chants de glaires dans le larynx » (58). « L'homme râlant comme une locomotive crevée, avait trop de tirage dans la poitrine pour pouvoir parler en mangeant » (60).

Cornudet le démoc « réclamait sa bière […]. Quand il buvait, sa grande barbe, qui avait gardé la nuance de son breuvage, semblait tressaillir de tendresse ; [...] entre les deux grandes passions qui occupaient toute sa vie : le Pale Ale et la Révolution » (60).

<u>L'officier prussien.</u> « Il représentait un magnifique échantillon de la goujaterie naturelle au militaire victorieux. » (68).

<u>Mme Carré-Lamadon,</u> « beaucoup plus jeune que son mari, demeurait la consolation des officiers de bonne famille envoyés à Rouen en garnison » (42). « [...] qui avait connu beaucoup d'officiers et qui les jugeait en connaisseur, trouvait celui-ci pas mal du tout ; elle regrettait même qu'il ne fût pas Français parce qu'il ferait un fort joli hussard dont toutes les femmes assurément raffoleraient. » (74).

<u>La vieille Religieuse.</u> « On la croyait timide, elle se montra hardie, verbeuse, violente » (80). « On les avait demandées au Havre pour soigner dans les hôpitaux des centaines de soldats atteints de la petite vérole. [...] Elle se révéla tout à coup une de ces religieuses à tambour et à trompettes [...] une vraie bonne sœur Ran-tan-plan dont la figure ravagée, crevée de trous sans nombre, paraissait une image des dévastations de la guerre. » (81) !

La Parure[56]

Extrait

C'était une de ces jolies et charmantes filles, nées, comme par erreur du destin, dans une famille d'employés. Elle n'avait pas de dot, pas d'espérances, aucun moyen d'être connue, comprise, aimée, épousée par un homme riche et distingué :et elle se laissa marier avec un petit commis du ministère de l'Instruction publique.

Elle fut simple, ne pouvant être parée, mais malheureuse comme une déclassée : car les femmes n'ont point de caste ni de race, leur beauté, leur grâce et leur charme leur servant de naissance et de famille. Leur finesse native, leur instinct d'élégance, leur souplesse d'esprit sont leur seule hié-rarchie, et font des filles du peuple les égales des plus grandes dames.

Elle souffrait sans cesse, se sentant née pour toutes les délicatesses et tous les luxes. Elle souffrait de la pauvreté de son logement, de la misère des murs, de l'usure des sièges, de la laideur des étoffes. [...]

Quand elle s'asseyait, pour dîner, devant la table ronde couverte d'une nappe de trois jours, en face de son mari qui découvrait la soupière en déclarant d'un air enchanté : »Ah ! le bon pot-au-feu ! je ne sais rien de meilleur que cela... », elle songeait aux dîners fins, aux argenteries reluisantes, aux tapisseries peuplant les murailles de personnages anciens et d'oiseaux étranges au milieu d'une forêt de féerie ; elle songeait aux plats exquis servis en des vaisselles merveilleuses, aux galanteries chuchotées et écoutées avec un sourire de sphinx, tout en mangeant la chair rose d'une truite ou des ailes de gélinotte...

....

56 Maupassant, *La parure* dans Id., *Boule de suif,* éd. de Louis Forestier, Paris, Gallimard (Folio), 1999, pp. 214–227.

RÉSUMÉ

La Parure est une nouvelle réaliste assez courte. Elle consiste en sept petits chapitres d'environs deux pages.

1. C'est l'histoire de Mme Loisel, une jolie et charmante jeune femme qui n'a pas été favorisée par l'Instruction publique. Elle souffre de sa condition et rêve d'une existence meilleure, d'une existence d'élégance et de luxe, se sentant faite pour cela. « Elle fut [...] malheureuse comme une déclassée », précise le narrateur. (215). Son mari, par contre, est pleinement satisfait de sa vie. (C'est donc un couple un peu comme Emma et Charles Bovary).

2. Un jour ils sont invités à une soirée au Ministère. Mme Loisel n'est pas du tout ravie, ne sachant pas quoi se mettre. Mais son mari arrange la chose ; il renonce à une dépense personnelle et lui paie une belle robe.

3. A l'approche de la fête, Mme Loisel est mécontente. Elle se plaint d'avoir l'air pauvre, de n'avoir pas un bijou à se mettre autour du cou. Son mari trouve de nouveau la solution : il lui conseille d'aller voir son amie de jeunesse Mme Forestier et de lui demander de lui prêter des bijoux. C'est ce qu'elle fait – et elle obtient une superbe rivière de diamants.

4. Le jour de la fête arrive. Mme Loisel a un succès triomphal. Tous les messieurs admirent sa beauté et veulent danser avec elle. Même le ministre la remarque. Heureuse et grisée par le plaisir elle quitte le bal vers quatre heures du matin. Son mari dormait depuis minuit dans un salon désert... [57] Arrivée à la maison, elle remarque qu'elle a perdu la rivière. Effarement ! Affolement ! Abattement ! La recherche ne donne rien.

....

57 Cf. Le couple Bovary au bal de la Vaubyessard.

5. « Au bout d'une semaine, ils ont perdu toute espérance. » (223) Ils cherchent et achètent une parure semblable chez un bijoutier et elle la rend à Mme Forestier. Obligé de se ruiner, Loisel a emprunté une grosse somme d'argent à différents prêteurs.

6. De ce fait ils connaissent la vie des pauvres, ils mènent la pénible existence de nécessiteux. Ils changent de logement et louent une mansarde. Madame doit se consacrer à toutes sortes de travaux de ménage et Monsieur, la nuit, faire des copies « à cinq sous la page » (225). « Et cette vie dura dix ans » (225)…

7. Un dimanche en se promenant elle rencontre par hasard Mme Forestier. Elle lui explique sa situation comme conséquence de la perte de la rivière. A quoi Mme Forestier répond : « Oh ! ma pauvre Mathilde ! Mais la mienne était fausse. Elle valait au plus cinq cents francs ! » (227).

COMMENTAIRE

La Parure, qui parut en 1884 dans *Le Gaulois,* est une nouvelle réaliste de tendance pessimiste. Elle traite du malheur et de la malchance d'une jolie, charmante et fine femme qui désirerait échapper à son existence morne et médiocre, mais qui a dû apprendre que ce n'est pas possible pour elle.

Le mari, petit employé du Ministère, est content de son sort. Il aide sa femme en lui donnant des conseils pertinents. Mais il doit partager le malheur du couple !

L'amateur de femmes que fut Maupassant esquisse au début toute une théorie sociale concernant la condition féminine : « Les femmes n'ont point de caste ni de race, leur beauté, leur grâce et leur charme leur servant de naissance et de famille. Leur finesse native, leur instinct d'élégance, leur souplesse d'esprit constituent leur seule hiérarchie, et font des filles du peuple les égales des plus grandes dames. » (214).

 © Frank & Timme   Verlag für wissenschaftliche Literatur

C'est bien positif, mais sans doute excessif !

Au départ, le petit emploi du mari limite des conditions financières du ménage. L'invitation au bal et le succès que Mme Loisel y connaît lui procurent pendant un moment un vif sentiment de bonheur. Mais c'est de courte durée. Peu après ce moment de bonheur se produit une chute soudaine avec la perte de la rivière de diamants. Échapper à la grisaille de la vie se révèle impossible. C'est le début de la tragédie.

Devoir apprendre à la fin qu'il s'agissait seulement d'une imitation fausse et bon marché de la rivière est le dénouement dramatique non prévu par le lecteur. Cela accentue la dimension tragique et sonne comme une gifle du destin. Les dix années de travail et de privations étaient donc inutiles !

La forme de la nouvelle est parfaite. Maupassant réalise sa théorie du *mot juste* et de l'élimination de tout détail insignifiant. Les personnages sont esquissés en quelques traits de plume ainsi que l'évocation convaincante de ce qui se passe. La simplicité et la clarté du style n'empêche pas qu'il y ait une rhétorique discrète. Dès le début nous remarquons force énumérations composées de trois ou même de quatre éléments :

« Elle n'avait pas de dot, pas d'espérances, aucun moyen d'être connue/comprise, aimée, épousée [...] », « leur finesse native, leur instinct d'élégance, leur souplesse d'esprit [...] » (p. 214), « elle eût tant désiré plaire, être enviée, être séduisante et recherchée. » (p. 216), « elle pleurait pendant des jours entiers, de chagrin, de regret, de désespoir et de détresse. » (p. 216), « Mme Loisel semblait triste, inquiète, anxieuse » (p. 218). « Mme Loisel eut un succès. Elle était plus jolie que toutes, élégante, gracieuse, souriante et folle de joie. » (p. 220). A la deuxième page figurent deux belles anaphores : « Elle souffrait sans cesse [...]. Elle souffrait de la pauvreté [...] » (p. 215). // « Elle songeait aux antichambres muettes [...], elle songeait aux grands salons [...], elle songeait aux dîners fins […], elle songeait aux plats fins » (p. 215). – Et par ci par là on trouve une antithèse : « […] son mari qui découvrait la soupière en déclarant d'un air enchanté : ‹ Ah ! le bon pot-au-feu ! ›, elle songeait aux dîners fins […] » (p. 215). « […] d'avoir l'air pauvre au milieu de femmes riches » (p. 219). « […] modestes vêtements de la vie ordinaire, dont la pauvreté jurait avec l'élégance de la toilette du bal. » (p. 221).

La quantité de dialogues contribue à la vivacité de l'ensemble ; ils sont presque aussi importants que les passages purement narratifs.

Mon oncle Jules[58]

Extrait

Un vieux pauvre, à barbe blanche, nous demanda l'aumône. Mon cama-
rade Joseph Davranche lui donna cent sous. Je fus surpris. Il me dit : Ce
misérable m'a rappelé une histoire que je vais te dire et dont le souvenir
me poursuit sans cesse. La voici : Ma famille, originaire du Havre, n'était
pas riche. On s'en tirait, voilà tout. Le père travaillait, rentrait tard du
bureau et ne gagnait pas grand'chose. J'avais deux sœurs. Ma mère souf-
frait beaucoup de la gêne où nous vivions, et elle trouvait souvent des
paroles aigres pour son mari, des reproches voilés et perfides. Le pauvre
homme avait alors un geste qui me navrait. Il se passait la main ouverte
sur le front, comme pour essuyer une sueur qui n'existait pas, et il ne ré-
pondait rien. Je sentais sa douleur impuissante. On économisait sur tout ;
on n'acceptait jamais un dîner, pour n'avoir pas à le rendre ; on achetait
les provisions au rabais, les fonds de boutique. Mes sœurs faisaient leurs
robes elles-mêmes et avaient de longues discussions sur le prix d'un galon
qui valait quinze centimes le mètre. [...]
   Mais chaque dimanche nous allions faire notre tour de jetée en grande
tenue. Mon père, en redingote, en grand chapeau, en gants, offrait le bras
à ma mère, pavoisée comme un navire un jour de fête. Mes sœurs, prêtes
les premières, attendaient le signal du départ ; mais, au dernier moment,
on découvrait toujours une tache oubliée sur la redingote du père de fa-
mille, et il fallait bien vite l'effacer avec un chiffon mouillé de benzine.

....

58 Guy de Maupassant, *Mon oncle Jules*, dans Id., *Miss Harriet*, éd. Louis Forestier, Paris,
   Livre de Poche, 215, pp. 193–202.

Guy de MAUPASSANT (1850–1893)

RÉSUMÉ

Joseph Davranche donna cent sous à un pauvre. Il dit que ce misérable lui a rappelé une histoire qu'il voudrait raconter.

Sa famille était dans la gêne. Ils vivaient chichement. L'oncle Jules doit de l'argent au père. Il a de façon inconsidérée gaspillé l'héritage. On a fini par l'embarquer pour l'Amérique d'où il envoie maintenant des lettres annonçant qu'il rendrait sans tarder l'argent en question. Qu'il aurait soit disant ouvert un commerce important. De cette situation résulte un grand espoir dans la famille – qui attend pendant des années.

A l'occasion du mariage d'une fille, la famille entreprend à un moment donné un voyage du Havre à Jersey. A bord du paquebot se trouve un vieux matelot déguenillé qui ouvre et vend des huîtres. Il se révèle être l'oncle Jules. Il ne veut pas se rendre au Havre parce qu'il doit de l'argent à sa famille. Après avoir réalisé avec horreur qui est cet homme, la famille ne veut pas être reconnue par lui. Ils vont à l'autre bout du bateau. Joseph doit payer les huîtres qu'ils ont consommées. Par pitié et gentillesse celui-ci donne un pourboire de cent sous au pauvre matelot – qui est son oncle.

Ainsi se clot le cadre : depuis, Joseph Davranche fait le même don aux mendiants…

COMMENTAIRE

Cette très courte nouvelle, de 1883, a des allures d'une simple anecdote avec sa solution à la fin. Elle est parfaitement réussie et très vivante. Les thèmes sont la pauvreté et la nécessité, l'espoir et l'attente et, à la fin, la déception et la désillusion – expression du pessimisme typique de Maupassant.

Quelques traits précis servent et suffisent à caractériser les personnages. Le père, par exemple, un brave homme, travaille dans un bureau

© Frank & Timme   Verlag für wissenschaftliche Literatur

et ne gagne pas grand-chose. Quand il sent une douleur d'impuissance, il passe sa main sur le front comme pour essuyer une sueur qui n'existe pas. Quand, pendant la promenade dominicale, il voit s'approcher un navire qui vient de loin, il répète inlassablement la même phrase : « Hein, si Jules était là-dedans, quelle surprise ! » (195 et 196). La mère, cérémonieuse et dure, adresse souvent des paroles aigres à son mari et lui fait des reproches perfides.

Une qualité particulière du texte est son caractère concret. On voit le père en redingote, avec grand chapeau et gants, qui offre le bras à madame, « pavoisée comme un navire un jour de fête » (194). Comme ici on remarque par ci par là une moquerie de la part de l'auteur. D'autres passages de ce genre sont par exemple : quand après le mariage d'une sœur l'autre semble perdue, « comme un poulet resté seul de sa couvée » (197), ou quand, des jours de sortie, on efface des taches de la redingote du père et il répand autour de lui une odeur de benzine (197).

Les dialogues sont parfaitement vivants, surtout lorsque la famille a affaire avec le matelot misérable alias oncle Jules. Et le style est, comme toujours chez Maupassant, facilement compréhensible, clair et net.[59]

....

59 Frappant est le nombre d'énumérations avec trois éléments : « en redingote, en grand chapeau, en gants », « un mauvais sujet, un gueux, un drôle », « un honnête homme, un garçon de cœur, un vrai Davranche », « ce voyage de Jersey devint notre préoccupation, notre unique attente, notre rêve de tous les instants », « il était vieux, sale tout ridé », etc.

Émile ZOLA (1840–1902)

Zola est le fondateur et le chef de l'école naturaliste, qui se base sur l'influence du milieu et de l'hérédité. Il est né à Paris en 1840, mais a grandi à Aix-en-Provence (où il a Cézanne comme camarade de classe et ami). En 1857 il revient à Paris avec sa mère pour y achever ses études (il échoue au bac !). Il débute en tant que journaliste dans la maison Hachette et commence sa carrière d'écrivain avec des nouvelles à partir de 1864. Son premier succès est *Thérèse Raquin,* roman naturaliste dans lequel sont traités un meurtre, la peur, la haine, le remords et le suicide. Après vient le cycle monumental des *Rougon-Macqart,* un ensemble de vingt volumes écrits entre 1871 et 1893, et dont les meilleurs sont *L'Assommoir* (1877) et *Germinal* (1884). Tous les milieux, couches sociales et circonstances y sont traités. Pour chaque roman Zola a procédé à une enquête sociologique et amasssé une impressionnante documentation. Les thèses d'Hippolyte Taine et de Claude Bernard sont ses sources d'inspiration. Selon Zola l'action est déterminée par l'impulsion des instincts et au lieu de caractères il y a seulement des tempéraments. En 1880 il présente la théorie du naturalisme dans *Le roman expérimental.* Mais il faut souligner que, malgré tout cet effort « scientifique », son IMAGINATION reste toujours très riche. En 1880 cinq collègues amis de Zola se sont réunis dans sa maison de Médan et chacun a contribué par une nouvelle au volume intitulé *Les Soirées de Médan* (cf. ci-inclus les nouvelles de Maupassant, de Huysmans et de Zola même). Et il ne faut pas oublier que, en 1898, Zola s'est héroïquement engagé dans l'affaire Dreyfus et a obtenu la grâce du prévenu. Zola meurt en 1902 d'une asphyxie accidentelle.

Émile ZOLA (1840–1902)

L'attaque du moulin[60]

Extrait

*Le moulin du père Merlier, par cette belle soirée d'été, était en grande fête.
Dans la cour, on avait mis trois tables, placées bout à bout, et qui attendaient les convives. Tout le pays savait qu'on devait fiancer, ce jour-là, la
fille Merlier Françoise, avec Dominique, un garçon qu'on accusait de
fainéantise, mais que les femmes, à trois lieues à la ronde, regardaient
avec des yeux luisants, tant il avait bon air.*

*Ce moulin du père Merlier était une vraie gaieté. Il se trouvait juste au
milieu de Rocreuse, à l'endroit où la grand-route fait un coude. Le village
n'a qu'une rue, deux files de masures, une file à chaque bord de la route ;
mais là, au coude, des prés s'élargissent, de grands arbres, qui suivent le
cours de la Morelle, couvrent le fond de la vallée d'ombrages magnifiques.
Il n'y a pas, dans toute la Lorraine, un coin de nature plus adorable. […].*

*Et c'était là que le moulin du père Merlier égayait de son tic-tac un
coin de verdures folles. La bâtisse, faite de plâtre et de planches, semblait
vieille comme le monde. Elle trempait à moitié dans la Morelle, qui ar-
rondit à cet endroit un clair bassin. Une écluse était ménagée, la chute
tombait de quelques mètres sur la roue du moulin, qui craquait en tournant, avec la toux asthmatique d'une fidèle servante vieillie dans la maison. Quand on conseillait au père Merlier de la changer, il hochait la tête
en disant qu'une jeune roue serait plus paresseuse et ne connaîtrait pas si
bien le travail ; et il raccommodait l'ancienne avec tout ce qui lui tombait
sous la main […]…*

....

60 Emile Zola, *Contes et Nouvelles,* éd. Roger Ripoll, Paris, Gallimard, 1976 (La Pléiade,
    262). – Henri Guillemin, *Zola, légende et vérité,* Paris, Utovie, 1997 (1960) ; Chantal
    Pierre Gnassounou, *Zola et les fortunes de la fiction,* Paris, Nathan, 1999 ; Henri Mit-
    terand, *Zola – l'histoire de la fiction,* Paris, PUF, 1990.

RÉSUMÉ

La nouvelle est située en Lorraine en 1870 au début de la guerre franco-prussienne. Je résumerai ce texte en suivant l'ordre tel que Zola l'a lui-même divisé.

I. Le moulin du père Merlier se trouve au milieu de Rocreuse. Le père Merlier est veuf, il habite avec sa fille Françoise. Il jouit d'une bonne considération, est fortuné et remplit la fonction de maire du village. Il est un grand vieillard qui, grave et silencieux, ne rit jamais, « mais qui était tout de même très gai en dedans » (1033). Un soir il réunit ses amis de Rocreuse et leur annonce le mariage, un mois plus tard, de Françoise avec Dominique Penquer, un grand jeune homme d'origine belge. « Ce fut une vraie fête. On vida un petit tonneau. » (1036) ! A tout point de vue règnent le bonheur et la joie du couple amoureux, la satisfaction du vieux meunier, la délicieuse beauté de la nature (« Il n'y a pas, dans toute la Lorraine, un coin de nature plus adorable ») (1031), la tranquillité de la Morelle, le fleuve qui coule derrière le moulin, et une paix profonde (« Jamais une paix plus large n'était descendue sur un coin plus heureux de nature » (1037).

Un vieux paysan, cependant, parle de la guerre que l'empereur a déclarée à la Prusse. Mais on est confiant, la venue des Prussiens leur paraît une plaisanterie.

II. Un mois plus tard Rocreuse est dans l'épouvante. Les Prussiens approchent. Les habitants ont barricadé leurs maisons. Un détachement français est venu occuper le moulin. On va se battre. Un coup de feu éclate, puis un deuxième, puis une fusillade nourrie s'ensuit. Les premiers soldats de part et d'autre tombent. Une décharge effroyable a lieu et endommage considérablement le pauvre vieux moulin. Tout le long de la journée les Français opposent une résistance énergique. Le père Merlier, Françoise et Dominique se trouvent avec les soldats à l'intérieur du moulin. Une balle effleure le front de Françoise – de ce fait Dominique, excellent tireur, prend son fusil et tue une quantité de Prussiens. Le capitaine français a promis à ses soldats d'arrêter l'ennemi d'ici le soir. A six heures il part avec les soldats qui lui restent. Dominique est arrêté. L'officier allemand lui dit qu'il sera fusillé dans deux heures.

III. L'officier prussien obtient la contribution de guerre en vivres et argent. Deux soldats enferment Dominique dans une pièce. Il refuse de guider la troupe à travers les bois voisins. Comme récompense il serait gracié. Françoise est hébétée de désespoir. Le père Merlier l'emmène dans sa chambre. Cette pièce se situe juste au-dessus de celle où l'on a enfermé Dominique. Dans la nuit, Françoise rejoint son amant en descendant par une échelle à l'extérieur du moulin. Elle l'incite vivement à s'enfuir. Ce qu'il fait.

IV. Tôt le matin, on s'aperçoit de l'évasion de Dominique. L'officier prussien est furieux, il exige qu'on le retrouve et menace de faire fusiller le père Merlier à sa place. Alors Françoise avoue que c'est elle qui l'a fait fuir. L'officier lui donne deux heures pour ramener Dominique. Françoise part à sa recherche et finit par le trouver dans un fossé près de Rocreuse qu'elle connaît. Voulant éviter sa perte, elle ne lui dit rien concernant les intentions de l'officier et rentre au moulin. Elle s'élance vers sa chambre, lorsque Dominique lui-même entre aussi dans la cour. Les Prussiens triomphent. Une rumeur annonce que les Français vont revenir.

V. Les Prussiens font leurs préparatifs de départ. L'officier prussien offre encore une fois la vie à Dominique si celui-ci lui est prêt à les conduire à travers le bois de Montredon. Mais Dominique, fier, refuse. Il est exécuté encore avant que les Français n'arrivent! Une rude bataille a lieu alors. Le père Merlier est tué par une balle perdue. Et le moulin complètement démoli. Le capitaine français, lui, aperçoit Françoise et « salua galamment de son épée, en criant : Victoire ! Victoire ! » (1061).

COMMENTAIRE

Comme *Boule de Suif* de Maupassant, *L'attaque du moulin* fait partie des *Soirées de Médan* (1880). Il s'agit essentiellement d'un texte qui condamne la guerre. C'est du bon Zola : un récit réaliste, dramatique et captivant, avec des évocations concrètes et précises, bien vivantes avec ses passages en discours direct.

Les thèmes majeurs sont la guerre, la nature et l'amour.

Le moulin se trouve au milieu de Rocreuse. Il constitue le théâtre où, du début à la fin, l'action de la nouvelle a lieu. Il est déjà vieux, mais le père Merlier y est attaché et il l'entretient tant qu'il peut. Le moulin vit et meurt, presque comme un personnage.

La structure de la nouvelle est simple et claire. Le premier chapitre est consacré à la beauté, la fraîcheur et la tranquillité de la nature qui entoure le moulin. Toute cette belle nature représente le bonheur, la perfection et la paix. Vers la fin du premier chapitre cependant l'approche de la guerre est mentionnée, mais personne n'y croit.

Tout le reste de la nouvelle, les chapitres deux à cinq, s'opposent à cette idylle. Un brusque changement a lieu. La guerre domine désormais. Peu à peu le destin des personnages particuliers passe au premier plan. Le père Merlier reste relativement calme . Françoise est désespérée, mais, courageuse, elle organise la fuite de Dominique. Celui-ci tue beaucoup d'ennemis, avant de rester entre les mains des Prussiens qui l'arrêtent. A cause des menaces de l'officier prussien à l'égard du père Merlier et de Françoise, il revient se livrer. Le respect et la reconnaissance pour le premier et l'amour pour la seconde sont sa motivation.

Vers la fin le narrateur a tendance, à des moments dramatiques, à orienter la perspective vers Françoise. Par exemple quand Dominique, sur ses instances, est en train de fuir : « [...] les secondes s'écoulaient, la campagne gardait sa paix souveraine. Dominique devait aborder l'autre rive. Françoise ne voyait plus rien. Le silence était majestueux. » Alors, comme si elle eût senti la mort passer, elle resta toute froide, en face de l'épaisse nuit. (1052).

Le dernier chapitre représente le drame : comme Dominique refuse de guider les Prussiens, il est fusillé. Le père Merlier est tué par une balle perdue. Et le moulin est complètement détruit par les balles et les boulets.

Pour finir, Zola souligne l'absurdité de la guerre – et la bêtise des hommes – en faisant crier le capitaine français : « Victoire ! Victoire ! »[61]

---

61 Alain Pagès, *Le Groupe de Médan*, Paris, Perrin, 2014. F.W.J. Hemmings, *The Life and Times of Emile Zola*, New York, Charles Scribner, 1977.

© Frank & Timme   Verlag für wissenschaftliche Literatur

Le Capitaine Burle

Extrait

Il était neuf heures. La petite ville de Vauchamp venait de se mettre au lit, muette et noire, sous une pluie glacée de novembre. Dans la rue des Récollets, une des rues les plus étroites, les plus désertes du quartier Saint-Jean, une fenêtre restait éclairée, au troisième étage d'une vieille maison, dont les gouttières rompues lâchaient des torrents d'eau. C'était Madame Burle qui veillait devant un maigre feu de souches de vigne, pendant que son petit-fils Charles faisait ses devoirs, dans la clarté pâle de la lampe.

L'appartement, loué cent soixante francs par an, se composait de quatre pièces énormes, qu'on ne parvenait pas à chauffer l'hiver. Mme Burle couchait dans la plus vaste; son fils, le capitaine-trésorier Burle, avait pris la chambre donnant sur la rue, près de la salle à manger; et le petit Charles, avec son lit de fer, était perdu au fond d'un immense salon aux tentures moisies, qui ne servait pas. Les quelques meubles du capitaine et de sa mère, un mobilier Empire d'acajou massif, dont les continuels changements de garnison avaient bossué et arraché les cuivres, disparaissaient sous les hauts plafonds, d'où tombait comme une fine poussière de ténèbres. Le carreau, peint en rouge, froid et dur, glaçait les pieds; et il n'y avait, devant les sièges, que des petits tapis usés, d'une pauvreté grelottante dans ce désert, où tous les vents soufflaient, par les portes et les fenêtres disjointes.

Près de la cheminée, Mme Burle était accoudée, au fond de son fauteuil de velours jaune, regardant fumer une dernière racine, de ces regards fixes et vides des vieilles gens qui revivent en eux-mêmes....

Émile ZOLA (1840–1902)

RÉSUMÉ

En lisant ce titre le lecteur pense peut-être que, dans ce récit, il va avoir affaire à un commandant de navire ou un chef militaire sur terre, en tout cas à un homme fringant, svelte, dynamique et courageux. Eh bien, ce n'est pas le cas. Nous apprenons que le capitaine-trésorier Burle est petit et large, gras et épais et qu'il avait de « petits yeux, noyés au milieu de sa face bouffie » (574).

L'histoire se passe à Vauchamp, une petite ville de la Marne. Le début présente le triste état de la maison des Burle, avec les gouttières rompues, le maigre feu, la clarté pâle de la lampe, les carreaux froids et durs, les tentures moisies et les portes et fenêtres disjointes. Une réalité bien misérable. Mme Burle, la grand-mère, surveille les devoirs de son petit-fils Charles. Elle est sévère et rigide, se faisant « des idées de devoir, d'honneur, de patriotisme. » (566). Elle est déçue de son fils, le capitaine, qui a trahi son espoir d'accomplir une grande carrière militaire. Il dépense l'argent de la maison avec des femmes. À l'armée on l'a surnommé *Juponeux*. Le petit Charles est devenu l'espérance de sa grand-mère, l'incarnation de son rêve de gloire, mais, pas de chance, il a horreur du métier des armes. Il est de nature délicate, tendre et rêveuse.

Le major Laguitte, un vieil ami de Burle, se présente. Il est indigné, furieux et en colère. Il raconte à Mme Burle qu'en rapport avec un boucher, un certain Gagneux, son fils se serait compromis dans des opérations financières louches et aurait donné à lui, Laguitte, de faux reçus. L'argent détourné aurait atterri chez Mélanie, la patronne du Café de Paris qui « le prit en entier avec une puissance irrésistible » (174). Laguitte s'y rend et y trouve Burle. Il lui reproche violemment les vols et les faux reçus et le force à sortir du Café de Paris et de quitter la Mélanie. Pour être sûr qu'il n'y retourne pas, Laguitte l'accompagne jusqu'á

    © Frank & Timme   Verlag für wissenschaftliche Literatur

sa maison. En pleine nuit, sous la pluie il est allé chez Gagneux, le boucher, pour arranger l'affaire qui les menaçait et pour sauver Burle.

Au bout d'une semaine, on est sûr au régiment que Burle a rompu
avec Mélanie. Il vit enfermé dans la maison familiale et se couche à neuf
heures. Sa mère le croit aussi guéri. « La vie de famille, il n'y a que ça »,
dit-il. (580).

Un soir Laguitte leur rend visite. A l'heure du repas il est surpris de
voir apparaître une bonne, une fille de dix-sept ans qui est la laideur
même. »Elle était petite, très noire, légèrement bossue, avec une face de
guenon à nez épaté, à bouche fendue largement. » (580). A neuf heures,
Burle déclare que, fatigué, il irait se coucher. Sa mère et le major sont
contents.

Laguitte est enchanté de n'avoir plus à vérifier les écritures du capitaine. Mais un matin, sans y penser, il constate dans les additions une
série de petites erreurs, un vol chaque fois de quelques francs. Il est
furieux d'avoir été de nouveau trompé. Le soir il se rend chez les Burle.
Au troisième étage il devient témoin d'un entretien de Burle avec la
laide boniche. Pour ses « services » elle lui demande de l'argent ! Il lui a
déjà donné une robe, des boucles d'oreilles et une petite montre. Laguitte est dégoûté. Il ne sait que faire. Il veut absolument éviter le déshonneur de la mère et de son fils. En montant à l'étage, la mère découvre aussi la situation : « Mon Dieu ! chez moi, à côté de son fils, avec
cette laveuse de vaisselle, avec ce monstre ! [...] Tenez ! je voudrais qu'il
soit mort ! » (588).

Dès le lendemain, Laguitte se rend au Café de Paris, où il commande
un bock. En présence de deux militaires il gifle Burle et provoque ainsi
exprès un duel. La rencontre a aussitôt lieu – et Burle est tué. C'était
une exécution. Pour le major c'était une affaire d'honneur. (595).

Deux mois après, Laguitte se trouve face à face avec Mme Burle et le
petit Charles. Dans un geste de compréhension muette elle lui tend la

main qu'il serre en tremblant. Elle a toujours l'intention de mettre Charles à l'école militaire de Saint-Cyr. Mais la semaine suivante il est emporté par une fièvre typhoïde! Un soir, sa grand-mère lui a relu le combat du *Vengeur*.[62] « Et le délire l'a pris dans la nuit. Il est mort de peur. » (596).

COMMENTAIRE

Cette nouvelle, de 1883, a donc lieu à Vauchamp, un village qui existe réellement. Il se situe près de Château-Thierry. C'est une histoire triste et sombre – bien racontée. Elle consiste en une succession de scènes concrètes et précises, avec un certain nombre de monologues et surtout des dialogues vivants.

La description initiale de la maison ne laisse pressentir rien de bon en ce qui concerne ses habitants. Comme d'habitude la nouvelle se concentre sur peu de personnages. Mme Burle et le petit Charles sont suffisamment caractérisés dans le résumé qui précède. Une particularité, inhabituelle pour un auteur, veut que le personnage du titre, en l'occurence le capitaine Burle, soit loin d'être un héros. Il est un personnage négatif, mou, faible, sans caractère, vicieux et, surtout, obsédé par les femmes, par des femmes de toute catégorie (pensons au laideron de bonne vers la fin).

Par contre, son ami de longue date, le major Laguitte, est un personnage positif. Il occupe presque toujours le premier plan. C'est lui au fond le véritable protagoniste. Plusieurs fois il joue le rôle du narrateur à l'intérieur de la narration globale. Son ami le trompe et le blesse à plusieurs reprises. Il n'est pas très intelligent (selon le texte), mais droit, honnête et énergique. De là son langage familier, voire argotique et vulgaire – dans lequel on peut sans doute voir un élément du natura-

----

62 Le *Vengeur* était un bateau français qui avait livré une célèbre bataille le 1 juin 1794.

lisme. Citons par exemple certaines expressions : « Il s'est foutu de moi » (p. 570) ; « il découvre le pot aux roses » (570) ; « ce salaud a fait le coup » (569) ; « Mélanie, une sacrée roulure » (570) ; « relancer mon gredin chez sa donzelle » (571) ; « tu t'es fichu salement de ton ami » (575) ; sa couillonade » (577) ; « ce que cette crapule a dans le ventre » (577) …

Alphonse DAUDET (1840–1897)

Alphonse Daudet est né en 1840 à Nîmes. Il passe la plus grande partie de son enfance dans un village situé dans le Gard. Après avoir suivi des cours dans une institution à Nîmes, il entre en sixième au lycée Ampère à Lyon où sa famille s'est installée en 1849. Son père qui était un fabricant et négociant en soieries avait tout perdu après 48. Alphonse dut renoncer à passer le baccalauréat. Il est devenu pion dans un collège à Alès. Dans son premier roman *Le Petit Chose. Histoire d'un enfant* il raconte ses expériences dans cette école.

En 1857 il est accueilli par son frère Ernest à Paris. Il a l'intention de faire une carrière littéraire. Pour commencer il collabore à différents journaux : *le Figaro, L'Universel,* etc. et publie un recueil de poésies intitulé *Les Amoureuses.*

En 1860 il devient le secrétaire particulier du duc de Morny, demi-frère de Napoléon III. Cette activité lui laisse beaucoup de temps libre qu'il passe en écrivant. Mais le duc meurt subitement en 1865.

Désormais il se consacre entièrement à la littérature : des chroniques pour le Figaro, des pièces de théâtre, des contes et des romans. En 1866 les *Lettres de mon moulin* le rendent célèbre. Et en 1872 il publie le roman burlesque de *Tartarin de Tarascon.*

Daudet participe comme garde mobile à la guerre franco-prussienne de 1870/71. Les souvenirs patriotiques de cette guerre constituent les *Contes du lundi* de 1873. À partir de 1884 il écrit une série de romans réalistes : *Fromont jeune et Risler aîné, Jack, Le Nabab, Les rois en exil,* etc. Ces histoires sont également nourries de ses propres expériences.

Daudet est l'ami des écrivains naturalistes, mais il ne se considère pas comme faisant partie de leur école.

Alphonse DAUDET (1840–1897)

Contes du lundi

Étant donné que les contes sont très courts (cinq à six pages), trois d'entre eux seront présentés par la suite.

Extrait
1. La dernière classe

Ce matin-là, j'étais très en retard pour aller à l'école, et j'avais grand peur d'être grondé, d'autant que M. Hamel nous avait dit qu'il nous interroge-rait sur les participes, et je n'en savais pas le premier mot. Un moment, l'idée me vint de manquer la classe et de prendre ma course à travers champs. Le temps était si chaude, si clair ! On entendait les merles siffler à la lisière du bois, et dans le pré Rippert, derrière la scierie, les Prussiens qui faisaient l'exercice.

RÉSUMÉ

1. La dernière classe

C'est le récit d'un élève alsacien. Nous sommes en 1871, après la défaite française à la guerre franco-prussienne et l'annexion de l'Alsace et la Lorraine. Berlin a décrété que l'enseignement ne doit plus se faire en français, mais en allemand. Dans la perspective de l'élève alsacien, qui s'appelle Franz, nous assistons avec émotion à une dernière leçon de français.

Le matin de ce jour Franz arrive en retard pour arriver à l'école. Il s'attend au tapage habituel, mais non, tout est calme et le maître, Monsieur Hamel, qui a mis ses habits de dimanche, se comporte aussi de façon inhabituelle. Il déclare que c'est la dernière leçon de français et qu'il doit partir le lendemain. Les élèves sont surpris, consternés et bouleversés. Monsieur Hamel se met à leur parler de la langue fran-

© Frank & Timme   Verlag für wissenschaftliche Literatur

çaise, « c'est la plus belle langue du monde, la plus claire, la plus so-lide. »

Sur le toit de l'école les pigeons roucoulent. Amer et triste Franz se demande en les écoutant : « Est-ce qu'on ne va pas les obliger à chanter en allemand, eux aussi ? »

Et quand l'horloge de l'église sonne midi, on entend les Prussiens qui reviennent de leur exercice. Alors Monsieur Hamel se lève pâle de sa chaire, se tourne vers le tableau et écrit en grosses lettres : VIVE LA FRANCE !

Extrait

2. *La vision du juge de Colmar*

Avant qu'il eût prêté serment à l'empereur Guillaume, il n'y avait pas d'homme plus heureux que le petit juge Dollinger, du tribunal de Colmar, lorsqu'il arrivait à l'audience avec sa toque sur l'oreille, son gros ventre, sa lèvre en fleur et ses trois mentons bien posés sur un ruban de mousseline. – « Ah ! le bon petit somme que je vais faire », avait-il l'air de se dire en s'asseyant ; et c'était plaisir de le voir allonger ses jambes grassouillettes, s'enfoncer sur son grand fauteuil, sur ce rond de cuir frais et moelleux auquel il devait d'avoir encore l'humeur égale et le teint clair, après trente ans de magistrature assise.

RÉSUMÉ

2. La vision du juge de Colmar

Le petit juge Dollinger du tribunal de Colmar, un rond de cuir exem-plaire, a perdu sa paix après avoir prêté serment aux Prussiens. Au nom de l'empereur Guillaume, Sa majesté berlinoise, il a été nommé conseil-ler à la cour de Colmar. Autour de lui tout est resté pareil, mais lui, il se sent dépaysé ! Quand il lui arrive, comme autrefois, de s'endormir à l'audience, il fait souvent des rêves épouvantables.

Il rêve d'être sur une montagne comme le Honeck ou le Ballon d'Alsace, tout seul, en robe de juge. Il voit monter vers lui tout le peuple d'Alsace qui émigre solennellement. Il y a de longs chariots chargés de meubles et d'outils de travail, et une foule silencieuse passe devant lui avec une expression de mépris, de colère et de dégoût. Un vrai cauchemar !

Soudain la scène change. Dollinger rêve qu'il vient de mourir et c'est son enterrement. Il assiste à ses propres funérailles. Mais personne de connu n'y assiste, que des soldats et magistrats *prussiens*.

Tout à coup un immense rire éclate, un rire fou et sauvage. Le mort, lui, pleure de honte, « écrasé sous un ridicule éternel… »

Extrait

3. *L'enfant espion*

Il s'appelait Stenne, le petit Stenne. C'était un enfant de Paris, malingre et pâle, qui pouvait avoir dix ans, peut-être quinze ; avec ces moucherons-là, on ne sait jamais. Sa mère était morte ; son père, ancien soldat de marine, gardait un square dans le quartier du Temple. Les babies, les bonnes, les vieilles dames à pliants, les mères pauvres, tout le Paris trotte-menu qui vient se mettre à l'abri des voitures dans ces parterres bordés de trottoirs, connaissaient le père Stenne et l'adoraient. On savait que, sous sa rude moustache, effroi des chiens et des traîneurs de bancs, se cachait un bon sourire attendri, presque maternel, ….

RÉSUMÉ

3. L'enfant espion

Le petit Stenn est un enfant typique de Paris qui a entre dix et quinze ans. Sa mère est morte, son père est un ancien soldat de la marine. Tout le monde dans le quartier le connaît et l'adore. Il aime son fils. Le soir ils font des promenades ensemble et sont heureux.

Mais le siège de Paris change tout. Pour le petit Stenn cela signifie une nouvelle vie, une vie amusante et des vacances tout le temps. Il accompagne les bataillons, regarde les mobiles faire l'exercice, se mêle aux queues ou assiste aux jeux de bouchons, mis à la mode par les mobiles bretons. Il y rencontre un grand en cotte bleue qui excite son admiration – et, par un matin de neige, il lui propose de venir avec lui. Le grand connaît les chemins. Aux gens qu'ils rencontrent ils racontent vouloir ramasser des pommes de terre dans les champs. En route vers les Prussiens ils passent par des situations vraiment dangereuses. Le petit Stenn tremble de peur, et de honte. Mais finalement ils arrivent chez les Prussiens et donnent leurs journaux. « Tous ces officiers avaient l'air fiers et méchants ; mais le grand les amusait avec sa verve faubourienne et son vocabulaire de voyou. » Ensuite il les prévient à voix basse de l'attaque des francs-tireurs français le soir même. Le petit Stenn désapprouve cette façon de faire.

Ils rentrent sans problème et partagent l'argent que les Prussiens leur ont donné. Le petit Stenn retrouve son père à la maison. Il a mauvaise conscience et a honte, les larmes l'étouffent. Il finit par avouer tout à son père. Furieux celui-ci prend son fusil et sa cartouchière et part dans la nuit. Il veut leur rendre leur argent… « On ne l'a jamais revu depuis ».

COMMENTAIRE

Le volume des *Contes du lundi* comprend une quarantaine de récits assez courts. Tous plus au moins traitent d'un événement de la guerre franco-prussienne de 1870/71. L'attitude du narrateur dans les différents contes diverge. Dans *La dernière classe* et *La vision du juge de Colmar* elle est d'abord légère et comique et vers la fin sérieux, voire triste.

Voyons par exemple ce texte <u>au début</u> : « Avant qu'il eût prêté serment à l'empereur Guillaume, il n'y avait pas d'homme plus heureux que le petit juge Dollinger, du tribunal de Colmar, lorsqu'il arrivait à l'audience, [...] ». Et <u>à la fin</u> (il rêve) : « Soudain la scène change. Des ifs, des croix noires, des rangées de tombes, une foule en deuil. C'est le cimetière de Colmar, un jour de grand enterrement. (...) Le conseiller Dollinger vient de mourir... Rêver qu'on est mort et se pleurer soi-même, il n'y a pas de sensation plus horrible. Le cœur navré, Dollinger assiste à ses propres funérailles ; et ce qui le désespère encore plus que sa mort, ...c'est que, dans cette foule, il n'y a que des Prussiens. »

L'enfant espion est de bout en bout sérieux et même tragique à la fin. Émotion, sympathie avec les personnages, humour et patriotisme dominent l'ensemble.

La présentation est toujours concrète et dense, naturelle et vivante – avec une langue précise et claire. C'EST DU GRAND ART.

 © Frank & Timme   Verlag für wissenschaftliche Literatur

Joris-Karl HUYSMANS (1848–1907)

Il est né à Paris ; son père est d'origine hollandaise. Ne s'entendant pas bien avec son beau-père, il passe sa scolarité, assez malheureux, dans un internat. Après son baccalauréat il obtient un poste au Ministère de l'Intérieur qu'il occupe pendant très longtemps. Il connaît maintes déceptions avec les femmes.

Il commence par publier des textes assez courts dans des revues. Il adhère au naturalisme. En 1876 il publie *Marthe, histoire d'une fille,* son premier roman qui est influencé par *Germinie Lacerteux* des Goncourt. Dans la même année il fait la connaissance de et se lie d'amitié avec Zola. Pour *L'Assommoir* de Zola il rédige des articles très élogieux. En 1880 il collabore à la publication naturaliste des *Soirées de Médan* (cf. ci-dessus). Et à cette époque il publie quelques romans au réalisme drastique qu'il situe dans un milieu populaire. Le plus connu en est *A vau l'eau* de 1882, l'histoire d'un petit fonctionnaire qui ne réussit pas à sortir de son train-train…

En 1884 avec *A Rebours,* son œuvre capitale, a lieu la rupture avec le naturalisme. Son héros représente la décadence. Il fuit la réalité vulgaire, recherche des sensations rares et jouit des parfums, des fleurs et des bijoux. Il donne la préférence à l'artifice et a des besoins d'excentricité. Au fond, il cherche à atteindre l'idéal.

Huysmans se situe maintenant à l'opposé du naturalisme.

Il découvre maintenant la beauté de l'art chrétien. Après l'occultisme, le satanisme et la magie noire il aboutit à la foi chrétienne et au mysticisme. Il se convertit au catholicisme. Le roman *La Cathédrale* de 1898 est l'expression et le témoin de cet aboutissement.

Joris-Karl HUYSMANS (1848–1907)

En 1990 Huysmans était un des fondateurs de l'Académie Goncourt et était même son premier président.

© Frank & Timme   Verlag für wissenschaftliche Literatur

Sac au dos[63]

Extrait

Aussitôt que j'eus achevé mes études, mes parents jugèrent utile de me faire comparoir devant une table habillée de drap vert et surmontée de bustes de vieux messieurs qui s'inquiétèrent de savoir si j'avais appris assez de langue morte pour être promu au grade de bachelier.

L'épreuve fut satisfaisante. Un dîner où tout l'arrière-ban (sic) de ma famille fut convoqué, célébra mes succès, s'inquiéta de mon avenir, et résolut enfin que je ferais mon droit.

Je passai tant bien que mal le premier examen et je mangeai l'argent de mes inscriptions de deuxième année avec une blonde qui prétendait avoir de l'affection pour moi, à certaines heures.

Je fréquentai assidûment le Quartier latin et j'y appris beaucoup de choses, entre autres à m'intéresser à des étudiants qui crachaient, tous les soirs, dans des bocks, leurs idées sur la politique, puis à goûter aux œuvres de George Sand et de Heine, d'Edgar Quinet et d'Henri Murger.

La puberté de la sottise m'était venue.

Cela dura bien un an ; je mûrissais peu à peu, les luttes électorales de la fin de l'empire me laissèrent froid ; je n'étais le fils ni d'un sénateur ni d'un proscrit, je n'avais qu'à suivre sous n'importe régime les traditions de médiocrité et de misère depuis longtemps adoptées par ma famille. [...]. La guerre avec la Prusse éclata. A vrai dire je ne compris pas les motifs...

....

63 Emil Zola, Guy de Maupassant, J.K. Huysmans, Henry Céard, Léon Hennique, Paul Alexis, *Les Soirées de Médan,* Paris, Fasquelle, 1955, pp. 93–120. – Marc Smeets, *Huysmans l'inchangé. Histoire d'une conversion,* Amsterdam, Rodopi, 2003. Charles Maingon, *L'Univers artistique de J.-K. Huysmans,* Paris, Nizet, 1977. Pierre Cogny, *Huysmans : A la recherche de l'unité,* Paris, Nizet, 1953.

RÉSUMÉ

Nous sommes en été de 1870, pendant la guerre franco-prussienne. Après avoir fait son Droit à Paris, Eugène Dejantel a été incorporé au service militaire. Il raconte avec précision le quotidien de son expérience dans l'armée. Il s'agit d'une narration à la première personne. Il y a peu d'action. Le genre de ce que nous lisons se situe entre un rapport, un journal et un documentaire.

Eugène ne comprend pas les motifs pour lesquels il doit assister à ce carnage. Et il faut dire cependant qu'il n'a jamais été directement au front. Mais à un moment donné il – et le lecteur – apprend d'un soldat de ligne ce qui se passe dans une bataille. Dans un hôpital un simple soldat raconte la bataille de Froeschwiller où il s'était trouvé (109) : « Il avait vu les lueurs rouges filer dans des bouquets de fumée blanche, et il avait baissé la tête, tremblant, ahuri par la canonade, effaré par le sifflet des balles. […] Dans la bousculade d'une fuite, il avait été, sans savoir comment, jetté par terre. Il s'était relevé, s'était sauvé, abandonnant son fusil et son sac et, à la fin, […] exténué par la peur et affaibli par la faim, il s'était assis dans un fossé. Il était resté là, hébété, inerte, assourdi par le vacarme des obus, résolu à ne plus se défendre, à ne plus bouger. Un officier était passé sur ces entrefaites, le revolver au poing, l'avait traité de lâche et menacé de lui casser la tête s'il ne marchait pas. […] Mais l'officier, au moment où il le secouait, s'était étalé, giclant le sang par la nuque. »

Eugène n'avait pas été le témoin d'une scène pareille. Etant donné qu'il avait dès le début contracté la dysenterie, on le transportait d'un hôpital à un autre. Là il fait toutes sortes d'expériences : de l'ambiance générale à l'ennui, des escapades à la connaissance de jeunes femmes et au comportement des camarades, des bonnes sœurs et des médecins.

Après bien des stations, après Châlons, Reims, Arras, Rouen et Évreux, il finit par pouvoir rentrer à Paris chez sa mère. Il se dit « qu'il faut avoir vécu dans la promiscuité des hospices et des camps pour apprécier la valeur d'une cuvette d'eau, pour savourer la solitude des endroits où l'on met la culotte bas, à l'aise. » (120) !

COMMENTAIRE

Comme *Boule de Suif* de Maupassant et *L'attaque du moulin* de Zola (cf. pp. 72 et 82 suivantes.) *Sac au dos* a paru en 1880 sous la direction d'Émile Zola dans le recueil collectif de nouvelles sous le titre de *Les Soirées de Mé*dan. L'ensemble obéit évidemment à l'idéologie, à la facture et à l'esthétique du naturalisme. Le texte qui suit peut l'illustrer. Il présente, avec force énumérations, une masse ou pluralité de gens, procède à des descriptions précises, concrètes et détaillées et utilise un vocabulaire comprenant des expressions exactes, mais aussi des mots rares et argotiques :

« Pressés les uns contre les autres, les ouvriers en sarrau, des ouvrières en haillons, des soldats sanglés[64] et guêtrés[65], sans armes, scandaient, avec le cliquetis des verres, *la Marseillaise*s qu'ils s'époumonaient à chanter faux. Coiffés de képis d'une profondeur incroyable et ornés de visières d'aveugles et de cocardes tricolores en fer-blanc, affublés d'une jaquette d'un bleu noir avec col et parements garance[66], culottes d'un pantalon bleu de lin traversé d'une bande rouge, les mobiles de la Seine hurlaient à la lune avant que d'aller faire la conquête de la Prusse. C'était un hourvari assourdissant chez les mastroquets, un vacarme de verres, de bidons, de cris, coupé, çà et là, par le grincement des fenêtres que le vent battait. […] C'était un pêle-mêle de militaires et de bourgeois ; des mères pleuraient, des pères plus calmes suaient le

....

64 Serré.
65 chaussé de guêtres.
66 rouge vif.

vin, des enfants sautaient de joie et braillaient, de toute leur voix aiguë, des chansons patriotiques. » (94).

Nous constatons dans ce texte, et ailleurs, que Eugène Dejantel a par moments recours à un ton critique et ironique. Ce n'est pas un Français courageux, patriote, voire héroïque ; c'est un monsieur tout le monde qui préférerait être resté à la maison. Mais, comme toujours et partout, la guerre ne tient pas compte de la volonté et de la liberté des individus.

Le lecteur se rend constamment compte des événements historiques dont il est témoin, mais ils sont peu de fois nommés *expressis verbis*. Au début il est question « des luttes électorales de la fin de l'empire » (93), puis que la guerre éclate (94). Au milieu, page 100, nous apprenons que « les Prussiens marchent sur Châlons » et vers la fin, page115, que « le bruit court que l'empereur est prisonnier et que la république est proclamée à Paris ».

Anatole FRANCE (1844–1924)[67]

Anatole France a évolué d'un scepticisme souriant au socialisme militant, mais il a toujours pris fait et cause pour la tolérance, la liberté et la paix. A cause de son ironie on l'a souvent comparé à Voltaire ! Au lycée Stanislas à Paris il apprit à connaître les grandes œuvres de l'antiquité gréco-latine et devint un spécialiste de la culture classique. Au début il défendait ainsi un idéal de sagesse et de beauté.

Il a vécu dans les livres : il est né à Paris où son père était libraire. Lui-même était bibliothécaire au Sénat. Il a réalisé une abondante production littéraire rédigeant des nouvelles, des livres de souvenir, des critiques littéraires, mais surtout une quantité de romans (du *Crime de Sylvestre Bonnard* de 1881 et de *La Rôtisserie de la Reine Pédauque* de 1892 à *L'Histoire Contemporaine* de 1900 et à son œuvre principale *Les dieux ont soif* de 1912).

En 1897/98, s'associant avec Zola, Anatole France s'engagea courageusement pour Dreyfus. Il avait la passion de la vérité et de la justice. C'est le moment où il changea d'attitude. Désormais il participa à des luttes politiques et devint un « écrivain engagé ».

Anatole France cherchait toujours la perfection de l'écriture. Son style est limpide, aisé et élégant.

Il était de toute évidence une des personnalités les plus marquantes de son temps. En 1896 il fut élu à l'Académie Française et en 1921 il obtint le prix Nobel.

....

67 L. J. Levaillant, *Les aventures du scepticisme. Essai sur l'évolution intellectuelle d'Anatole France*, Paris, A. Collin, 1966 ; J. Marvaud, *Anatole France écrivain*, Paris, Lefebre, 1962 ; J. Suffel, *Anatole France*, Le seuil, 1954 ; Edouard Leduc, *Anatole France avant l'oubli*, Paris, Éditions Publibook, 2006.

L'œuf rouge[68]

Extrait

Le docteur N... posa sa tasse de café sur la cheminée, jeta son cigare dans le feu et me dit : Cher ami, vous avez raconté jadis l'étrange suicide d'une femme bourrelée de terreur et de remords. Sa nature était fine et sa culture exquise. Soupçonnée de complicité dans un crime dont elle avait été le muet témoin, désespérée de son irréparable lâcheté, agitée par de perpétuels cauchemars qui lui représentaient son mari mort et décomposé la désignant du doigt aux magistrats curieux, elle était la proie inerte de sa sensibilité exaspérée. Dans cet état, une circonstance insignifiante et fortuite décida de son sort. Son neveu, un enfant, vivait chez elle. Un matin, il fit, comme à son ordinaire, ses devoirs dans la salle à manger. Elle s'y trouvait elle-même. L'enfant se mit à traduire mot à mot des vers de Sophocle. Il prononçait tout haut les termes grecs et français à mesure qu'il les écrivait : la tête divine ; de Jocaste ; est morte..., déchirant sa chevelure ; elle appelle ; Laïs mort..., nous rîmes ; la femme pendue. Il fit un paraphe qui troua le papier, tira une langue toute violacée d'encre, puis il chanta : « Pendue ! pendue ! pendue ! » La malheureuse, dont la volonté était détruite, obéit sans défense à la suggestion du mot qu'elle avait entendu trois fois. Elle se leva droite, sans voix, sans regard, et elle entra dans sa chambre. Quelques heures après, le commissaire de police, appelé pour constater la mort voilente, fit cette réflexion : »J'ai vu bien des femmes suicidées ; c'est la première fois que j'en vois une pendue. »...

....

68 Anatole France, *Œuvres*, t. I, éd. par Marie-Claire Bancquart, Paris, Gallimard, 1994, pp. 638–648 (Bibliothèque de la Pléiade, no. 315). – Jean Marvaud, *Anatole France, écrivain français*, Paris, Levèbre, 1962 ; Edith Tendron, *Anatole France inconnu*, Liège, CEFAL, 1996 ; Jacques Stuffel, *Anatole France par lui-même*, Paris, Le Seuil, 1954.

RÉSUMÉ

Ce sont deux histoires d'inégale longueur, deux histoires extrêmes et intenses qui se terminent toutes les deux par la mort. Un docteur, le narrateur, raconte les deux histoires, la première que son ami a racontée jadis et la deuxième qu'il ajoute de sa propre facture.

La première, beaucoup plus courte, traite de l'étrange suicide d'une femme pleine de soucis et de remords, de mauvaise conscience et de cauchemars. Tel un psychiatre le narrateur ajoute : » Dans cet état, une circonstance insignifiante et fortuite décida de son sort. » (638). Cette circonstance est fournie par le fait que le neveu de la femme lit, traduit et prononce un vers de Sophocle où Jocaste, désespérée, se pend. La suggestion de ce mot agit sur la femme malheureuse – et elle se pend aussi à son tour. Il n'y a qu'un pas de la tragédie grecque à la tragédie contemporaine. Et dans les deux cas règne le destin.

Le docteur ajoute alors de lui-même la deuxième histoire. On remarque tout de suite qu'il doit s'agir d'un neurologue. Par exemple quand il dit : « qu'un être chez qui la volonté est morte obéisse à toutes les excitations extérieures, c'est une vérité que la raison admet et que démontre l'expérience ». Il reprend le mot de *suggestion* et veut donner un exemple du même type.

Il raconte la vie et la mort de son malheureux camarade Alexandre Le Mansel. Dans leur enfance ils étaient dans la même classe. Mansel était un élève bizarre. Il ne ressemblait à aucun de ses camarades. Ils sont devenus amis au cours d'une promenade de la classe au Mont-Saint-Michel. Le Mansel disait qu'il aurait voulu vivre du temps des guerres franco-anglaises et il se mit à s'agenouiller et baiser les pierres devant la maisonnette où vécut Tiphaine Raguenet, la veuve du Bertrand du Guesclin au quatorzième siècle. Le lendemain, au dortoir, il dit à l'oreille de son ami : »Tiphaine n'est pas morte » ! Pendant les vacances qui suivirent cette promenade, il invita son ami à passer une journée chez ses parents. C'étaient de drôles de gens. La mère, maigre et jaune, portait une lame de métal à son front. C'était pour guérir la migraine et les maux de tête. Le père, un petit homme chauve, mince et léger, avait une tête grosse comme le poing, vivait constamment dans la compagnie de ses poules à qui il finit par ressembler. Seulement la grand'mère, de qui Le Mansel disait qu'elle avait l'esprit dérangé, était une personne raisonnable. Après le dîner on passe au salon. Sur le socle de la pendule reposait un œuf rouge d'une couleur extraordinaire et magnifique. Madame Le Mansel explique que cet œuf a été pondu le jour même de la naissance de son fils Alexandre…

Après un certain temps les deux amis se perdent de vue. Le docteur fait ses deux baccalauréats et ses études de médecine neurologique. Le Mansel devient spécialiste de mathématiques. Il envoie même à l'Académie des Sciences la solutions de plusieurs problèmes. Les lettres de Le Mansel sont claires et affectueuses. Mais bientôt leur correspondance cesse et pendant dix ans le silence s'installe.

Un jour Le Mansel se présente chez son ancien ami qui le trouve vieilli, chauve et maigre. Il dit qu'il est la victime de persécutions inouïes. Le docteur le prie d'attendre un moment et de lire un de ses nombreux livres. Quand il revient après vingt minutes, il trouve Le Mansel dans un état effrayant : il frappe un livre ouvert devant lui. Il s'agit de la traduction de l'*Histoire Auguste*. Il récite une phrase de Lampride [pseudo- auteur latin fictif du quatrième siècle] : »le jour de la naissance d'Alexandre Sévère, une poule pondit un œuf rouge, présage de la pourpre impériale que l'enfant devait revêtir. » (645). Le Mansel était dans une exaltation extraordinaire, pensant que cette phrase était destinée à lui. Il achète un revolver et tue un gardien qui lui barrait la porte de L'Élysée. Il est enfermé dans une maison de santé. Il tombe dans une folie complète. Trois mois après il s'est étouffé en avalant une éponge. Le narrateur ajoute : « Ainsi une phrase écrite au

© Frank & Timme   Verlag für wissenschaftliche Literatur

IVe siècle par un historien latin occasionne quinze cents ans plus tard la mort d'un malheureux pioupiou [soldat] de notre pays. » (646).

COMMENTAIRE

L'Oeuf rouge est une histoire qui fait partie du recueil de nouvelles d'Anatole France intitulé *Balthasar*. Comme tel l'Oeuf rouge fonctionne comme un symbole, comme un objet auquel l'auteur attribue une importance centrale dans cette histoire. Il présente sous forme concrète des cas cliniques de la fin du XIXe siècle, d'une part un suicide et d'autre part un cas de folie et de meurtre. Le suicide est la conséquence du profond mal être d'une femme et la folie est déterminée par la nature problématique d'un jeune homme et celle-ci par « les lois fatales de l'hérédité. » (5) Le tout obéit à une psychologie convaincante.

La nouvelle est sombre, bouleversante – et captivante. Elle est parfaitement construite. Son style est limpide et élégant. On sent qu'Anatole France est très cultivé, voire érudit.

La nouvelle est l'expression de l'intérêt pour la science à la fin du XIXe siècle.

CONCLUSION

Voilà, après 14 auteurs et 24 nouvelles, la récolte s'achève…

Les nouvelles se présentent dans la diversité et la variété.

Elles se répartissent selon les grandes époques et courants littéraires du XIXe siécle, le romantisme (Madame de Staël, Chateaubriand, Gautier et Hugo), le réalisme (Balzac, Flaubert, Stendhal, Maupassant), le naturalisme (Zola) et, moins, le symbolisme (« L'Oeuf rouge » de A. France et, peut-être, « La vision du juge de Colmar » de Daudet).

Les nouvelles exploitent autant le réel que le fantastique, le psychologique et le social. Et elles traitent une multitude de thèmes.

Ce petit livre peut servir de guide et les nouvelles qui y sont traitées comme introduction, sans grand effort, à la lecture des grands auteurs français du XIXe siècle.

ROMANISTIK

℉ Frank & Timme

Verlag für wissenschaftliche Literatur

ROMANISTIK

ℸＦ Frank & Timme

Verlag für wissenschaftliche Literatur

ROMANISTIK

⸀F Frank & Timme

Verlag für wissenschaftliche Literatur